Le Cœur et l'Invisible

Yann Opsitch

Souvenirs et Réflexions personnelles

Nous sommes les abeilles de l'Univers.
Nous butinons éperdument le miel du visible pour
l'accumuler dans la grande ruche d'or de l'invisible.
(Rainer Maria Rilke)

Yann Opsitch, *Le Cœur et l'Invisible : Souvenirs et Réflexions personnelles*
ISBN 978-0-692-76413-8
Copyright © Yann Opsitch 2015. *Tous droits réservés*
Editions Horizons Chrétiens 2015 – editionshc@gmail.com
Pour toute correspondance avec l'auteur : lecoeuretlinvisible@gmail.com
P.O. Box 1537, Abilene, TX 79604 - Etats-Unis
Première et quatrième de couvertures : Brian Loudon
Illustration : Cheryl White
Textes bibliques : *Segond 21* (sauf indication contraire)
Copyright © 2007 Société Biblique de Genève
Reproduit avec aimable autorisation.

Préface

Très peu de personnes ont la capacité d'aborder des questions complexes et de les présenter d'une manière qui puisse être comprise par tout un chacun. De plus, on réalise, à travers ce livre, que mon cher ami Yann offre aux lectrices et lecteurs une réflexion de sagesse qui lui vient de la force que le Seigneur lui donne.

A travers ce livre, Yann nous ouvre une fenêtre sur sa jeunesse et le processus qui l'a conduit à devenir l'homme qu'il est aujourd'hui.

Les tragédies de ce monde nous interpellent sur le sens qu'elles peuvent avoir. Ce sens nous est donné sous la forme d'une réponse qui ne vise pas forcément à en expliquer le pourquoi mais qui vise à nous montrer vers qui nous devons nous tourner lorsqu'elles surviennent.

J'ai l'espoir que les pages qui suivent apporteront des réponses aux questions de l'existence — questions qui peuvent surgir dans les malheurs comme dans les moments de bonheur.

Jason ALPERS

Table Des Matières

CHAPITRE 1

Le Cœur et l'Invisible

Voici mon secret. Il est très simple:
on ne voit bien qu'avec le cœur.

L'essentiel est invisible pour les yeux.

(Antoine de Saint-Exupéry)

C'était l'hiver et j'avais douze ans. Nous étions une cinquantaine d'enfants de Paris et dormions tant bien que mal, emportés par le son rythmique et apaisant de notre ami le train qui nous emmenait loin des soucis et des énervements de la ville. Je me sentais bercé. Cette sensation éveillait en moi toutes sortes de pensées qui n'étaient d'ailleurs pas entièrement nouvelles : « Est-ce que chaque personne est destinée à quelque chose d'unique ? Pourquoi faut-il mourir ? »

Nous sommes arrivés à Vallorbe tôt le matin. Le chalet se trouvait à environ une heure de route de la gare. Certains d'entre nous faisions l'expérience de la montagne pour la première fois. Le lendemain de notre arrivée, après le petit déjeuner, une jeune femme souriante et aux cheveux roux se mit à nous parler. Elle nous raconta l'histoire d'un homme qui découvre un trésor caché dans un champ, puis l'histoire d'un marchand qui trouve une perle de grande valeur en vente dans un marché. Chacun d'eux alla vendre tout ce qu'il possédait afin d'acheter ce champ, cette perle.

Il m'a tout de suite semblé que l'inattendu, l'extraordinaire se cachaient derrière ces histoires que j'entendais pour la première fois. Que pouvaient représenter « le trésor caché, la perle du marché » ?

Tout en écoutant, je m'efforçais d'apercevoir, à travers les fenêtres du chalet, le sommet des montagnes. J'avais hâte de les découvrir de plus près. Je sentais qu'un lien étroit existait entre les paroles de la jeune femme et le calme, la joie des jeunes gens qui nous avaient réveillés le matin même par des chants.

Aujourd'hui, je repense aux paroles de cette jeune femme rayonnante. A travers les paroles du livre qu'elle citait, j'entendais pour la première fois le témoignage de celles et de ceux qui vécurent des événements uniques — des événements qui nous ouvrent une fenêtre, une porte, sur ce monde invisible, ce monde caché, dont je voulais pénétrer les secrets. Je devais comprendre bien des années plus tard que le trésor dont parlait la jeune femme avait un rapport avec le fond du cœur humain ; qu'on pouvait reconnaître la présence et la valeur de ce trésor à travers des personnes bien vivantes, à travers des êtres avec qui nous pouvons communiquer, avec qui nous pouvons avoir des liens. Je devais comprendre la nature du destin unique, de la nature unique, des êtres humains que nous sommes.

La voix de la jeune femme se tut subitement. Un homme aux cheveux blancs se leva. Il nous parla de Jésus qui priait Dieu et disait : « Quand tu pries, entre dans ta chambre, ferme ta porte et prie ton Père qui est là dans le lieu secret ; et ton Père, qui voit dans le secret, te le rendra ouvertement. »[1] Il nous parla de la prière qui est, tout d'abord, une conversation très personnelle, intime, entre chacun de nous et notre Père — ce Père qui est dans le lieu secret. Je repensai alors au trésor caché dans un champ dont avait parlé la jeune femme.

Nombreux sont mes contemporains, mes proches et mes amis qui sont déjà arrivés *au bout du chemin*, qui ont déjà dit *Adieu la vie*, comme le chantait Michel Delpech:

Adieu la vie

Mais je bénis

Ma chance

La vérité

L'éternité commence.

Mon père est parti depuis bien des années — depuis 1981. A l'époque, je n'avais pas de cheveux blancs ; mes enfants chéris étaient encore à mes côtés. Dans mon enfance et ma jeunesse, faites de déplacements continuels, de changements permanents, je n'avais pu voir et entendre ce père qu'à de rares occasions. Je ne l'ai véritablement connu qu'à partir de l'âge de douze ans. Au cours de l'adolescence, et en tant que jeune adulte, chaque visite dans sa petite chambre du Boulevard Murat dans le 16ᵉ arrondissement de Paris, chaque promenade que nous faisions ensemble, étaient pour moi des moments extraordinaires.

Il avait été incorporé dans l'armée yougoslave pendant la seconde guerre mondiale. A trente-six ans, il devint prisonnier de guerre en Allemagne. On lui prit ses papiers d'identité et l'on changea l'orthographe de son nom (*Opšić* devint *Opsitch*). En

1982, l'Etat français me réclama un document prouvant l'identité de mon père et son lieu de naissance. Sur le conseil d'un ami, je me rendis à la Croix Rouge de Genève qui me remit une copie des renseignements sur son lieu et sa date de naissance, transmis à la Croix Rouge par les bureaucrates de l'armée allemande lorsqu'il devint prisonnier de guerre. Mon père fut libéré par l'armée américaine qui lui offrit de vivre dans le camp de Châlons-sur-Marne jusqu'à ce qu'il puisse trouver un emploi et régler ses papiers. Il ne retourna jamais en Yougoslavie. Après la guerre, il vécut toute sa vie à Paris où il fut ouvrier d'usine.

Il partait travailler habillé d'un costume brun clair, vieilli, mais propre et bien repassé. J'eus l'occasion de rendre visite à son usine à deux reprises. Je pus alors parler avec le patron de l'entreprise et son épouse ; ils étaient émerveillés par cet ouvrier hors pair toujours prêt à donner un coup de main, à accomplir une tâche qui devait être faite ; ils étaient attachés à cet « étranger » qui parlait le français avec difficulté, mais qui restait calme et n'élevait pas la voix même dans les moments d'extrême tension.

Mon cher père n'est plus de ce monde. Il « repose », comme on dit, dans un petit cimetière du sud de la France. Que représente aujourd'hui l'être humain qu'il fut ? Qu'est-ce qu'un être humain quand on pense à l'immensité de l'univers, quant on songe à tout ce qui nous est inconnu ? Cette question, le roi David la pose dans l'un de ses Psaumes : « Quand je contemple le ciel, œuvre de tes mains, la lune et les étoiles que tu y as placées, je dis : 'Qu'est-ce que l'homme pour que tu te souviennes de lui, et le fils de l'homme, pour que tu prennes soin de lui ? ».[2]

Tout petit et apparemment insignifiant, cet être humain occupe pourtant une place unique dans le cosmos. A chaque personne a été accordée une dignité toute spéciale ; l'enfant qui vient au monde est couronné de quelque chose de glorieux, de majestueux : « Tu l'as fait de peu inférieur à Dieu et tu l'as couronné de gloire et d'honneur ! » (Psaumes 8).

Tout en ce monde semble être tenu dans un équilibre précaire, mais qui persiste. La vie sur terre, l'existence des êtres humains qui pensent et qui aiment, constitue un « miracle » fragile et permanent. En même temps, lorsqu'on la met en parallèle avec les aspirations profondes de chaque être humain, la mort est révoltante ; elle est un ennemi — un ennemi de l'espérance, de la joie, de l'amour. Nous voyons son empreinte tout autour de nous.

Pourtant, je me suis souvent fait la réflexion que la réalité ne peut se limiter à ce que nos yeux peuvent percevoir.

Jésus vient d'ailleurs ; il parle de réalités célestes ; il parle comme un témoin céleste, de choses dont nous n'avons aucune idée. Il vient d'un autre monde, d'une autre dimension de la réalité — une dimension que nous ne sommes pas capables de percevoir avec nos yeux d'humain. Un docteur de la loi nommé Nicodème vint de nuit voir Jésus et lui dit : « Maître, nous savons que tu es un enseignant envoyé par Dieu, car personne ne peut faire les signes miraculeux que tu fais si Dieu n'est avec lui. » Alors, Jésus lui annonça qu'il faut ouvrir son cœur aux paroles qu'il prononce et qui viennent d'ailleurs, qui viennent du ciel : « Si vous ne croyez pas *quand je vous parle* des réalités terrestres, comment croirez-vous si je vous *parle* des *réalités célestes* ? (…) En effet, Dieu a tant aimé le monde qu'il a donné son Fils unique afin que quiconque croit en lui ne périsse pas mais ait la vie éternelle. »[3]

Jésus parlait du monde céleste car c'est de là qu'il venait : « Personne n'est monté au ciel, sinon celui qui est descendu du ciel, le Fils de l'homme qui est dans le ciel. »[4] Qu'avait-il vu que nous ne voyons pas ? D'où venait-il donc ?

Après les années de pensionnat au Raincy, puis à Beauvais, ce furent les années d'instabilité — vivant tantôt chez une tante, tantôt chez un oncle ; élève dans plusieurs pensionnats : Neuilly, Yvetot, Chambéry.

Alors que je séjournais en Bourgogne chez un oncle et une

tante, et que je me promenais au milieu des vignes, j'entendis sur mon transistor qu'Israël était en guerre (5-10 juin 1967). Devant moi les vignes s'étendaient à perte de vue. J'essayai d'imaginer à quoi pouvait ressembler aujourd'hui le pays de Jésus, le village de Nazareth, la mer de Tibériade. Je songeai que même au temps de Jésus les pauvres du pays se trouvaient mêlés aux conflits entre les puissants de ce monde ; la violence et la haine semblaient faire partie intégrante de cette partie du monde.

Sur ma gauche se dressait la grande bâtisse où vivait ma famille d'accueil. C'était tôt le matin. Mes cousines et mon cousin, plus jeunes que moi, dormaient encore paisiblement, rassurés par la présence de leurs parents. Je me demandai combien d'enfants de par le monde n'avaient aucun abri pour dormir ; combien de petits êtres innocents n'avaient jamais connu leur père ou leur mère. Au loin, j'entrevoyais le clocher de l'église du village. Là se retrouvaient des hommes et des femmes pour prier, pour chanter, pour entendre une parole de paix. Moi je n'allais pas à l'église. Je ne voyais pas vraiment l'importance des rites.

A travers quelques rencontres et grâce à quelques profs, je pris goût à la littérature, puis au théâtre. Pendant toutes ces années je n'avais jamais parlé à quiconque des questions que je me posais depuis ce séjour de deux semaines à la montagne. En dehors de quelques profs je ne me souviens pas d'avoir eu de dialogues sérieux avec les adultes ; Ils avaient sans doute beaucoup de fardeaux à porter dans leur propre vie et semblaient ne s'intéresser qu'aux questions qui les concernaient directement. C'était pour moi l'expérience inverse de ce que j'avais vécu à New York entre l'âge de six et dix ans, chez Frank et Phyllis et leur fils Crispin. Ils me parlaient, me posaient des questions. Parfois, Frank s'asseyait au piano à mes côtés pour jouer un morceau et m'en montrer les subtilités. Il m'invitait dans son studio de peintre où je pouvais admirer de près son génie artistique à l'œuvre ; il m'expliquait ce qu'il faisait. Il me parlait de musique, de mythologie, de poésie.[5]

Phyllis se promenait toujours un livre à la main. Je me souviens de nos longues conversations au cours desquelles elle me posait beaucoup de questions — comme si elle s'efforçait d'apprendre quelque chose de moi, un enfant.

A l'âge de dix ans, je redécouvris une France dont je ne me souvenais pas. La souffrance intérieure, la souffrance du cœur, y était palpable. Je pense que les effets d'une terrible guerre devaient toujours se faire sentir. Lorsque je séjournais chez ma mère, j'entendais les morceaux mélancoliques de Chopin ou de Brahms qu'elle jouait sur son Pleyel avec un talent extraordinaire, mais qui me rendaient triste.

Par la suite, je fis des séjours plus ou moins longs dans plusieurs pensionnats. Les conflits pouvaient y être déclenchés à la moindre étincelle. A l'école *Notre Dame du Raincy* (aujourd'hui détruite et remplacée par des immeubles d'habitation) je ne réussis pas à me faire beaucoup d'amis. J'étais largement responsable de cette situation car au début je ne pouvais m'empêcher de parler de ma vie à New York. Je me fis toutefois un ami qui s'appelait André. Originaire de la Grèce, il vivait à Goussainville. Son père vendait des glaces à la Gare de l'Est. Lorsque je rentrais à Paris, André et moi voyagions ensemble. Lui allait rejoindre son père, moi ma mère. Son père était un homme plein de joie de vivre qui vendait ses glaces tout en chantant, tout en racontant des histoires drôles aux enfants. Il me rappelait Frank.

Par la suite, je devins pensionnaire au Saint-Esprit (à Beauvais). Le collège se trouvait alors sous la direction des prêtres missionnaires de la *Congrégation du Saint-Esprit*.[6] Je perdis de vue André. Au *Saint-Ess* (comme on l'appelait alors), je faisais partie de la chorale sous la direction de l'abbé Robin qui enseignait l'histoire, le latin et le grec. J'étais en lettres classiques et l'abbé Robin était mon prof principal. Parfois, il me permettait d'accompagner à l'harmonium le chant grégorien. Je pris des leçons d'orgue avec l'organiste. Au cours de la dernière année, je pus jouer sur l'orgue électronique qui venait d'être installé dans la chapelle. Un jour il m'emmena à la cathédrale de Beauvais où je pus jouer un prélude de Bach sur l'orgue de la cathédrale.

Le collège disposait alors d'une piscine. Je faisais partie de l'équipe de natation. Pendant les entraînements, nous étions servis au réfectoire en dehors des heures de repas ; on mangeait alors beaucoup mieux et beaucoup plus. Malgré la discipline sévère des prêtres, il y avait pas mal de bagarres pendant les récréations.

Lorsque je ne rentrais pas à Paris et que je devais rester au pensionnat, je passais la plupart de mon temps à lire. Balzac, Hugo, et Giono étaient mes écrivains préférés. Souvent, nous n'étions qu'une dizaine à nous promener dans l'établissement ou les bois adjacents. Certains élèves étaient fiers de l'occasion qui leur était alors donnée de fumer des cigarettes en cachette.

Quelques années plus tard, pour mon service militaire, je fus intégré au 6e R.P.I.M.A., régiment parachutiste à Mont-de-Marsan. Ayant fait savoir à l'adjudant que j'avais fait du théâtre, on me demanda d'être le projectionniste de la caserne. Je n'avais jamais vu un projecteur de cinéma de ma vie, mais heureusement j'avais un collègue expérimenté dans ce domaine. Toutefois, il fumait plusieurs paquets de cigarettes par jour. Je dus vivre du matin au soir au milieu de la fumée qui remplissait continuellement la petite salle de projection. Cette expérience me fit perdre pour de bon tout attrait pour la cigarette. Heureusement, je quittai ce régiment après deux mois ; je fus affecté comme projectionniste à l'école des sous-officiers de Saint-Maixent. Et là les militaires ne fumaient pas. Je terminai mon service militaire au bout de quinze mois et, en septembre 1969, je joignis la troupe de théâtre de Patrick Antoine, installée à Thonon les Bains.

Antoine travaillait sur une création théâtrale en collaboration avec la Maison de la Culture de Thonon les Bains. Pendant le spectacle nous devions nous promener sur scène en portant des croix. Je ne saurais trop dire pourquoi mais la préparation de ce spectacle remit en marche toute une réflexion dans ma tête. Je me souviens qu'au cours d'une répétition, une question s'est posée à moi : « Et si c'était vrai ? Et si cet homme sur une croix était porteur d'un message qui nous était destiné à nous les êtres humains ? »

Antoine était un fin connaisseur de l'art du théâtre, un excellent metteur en scène, un bon pédagogue dont j'admirais le talent ; il avait reçu une partie de sa formation à *l'Actors Studio* de New York. J'avais fait sa connaissance à Paris en 1967 lorsqu'il mit en scène, au théâtre Daniel Sorano, *Les écuries d'Augias*, la pièce de Friedrich Dürrenmatt.[7] Lorsqu'on travaille avec *la Méthode* (Stanislavski), on ne projette pas simplement des gestes d'acteur : on entre dans une pensée, dans une émotion liée à la vie intérieure d'un personnage qu'il faut imaginer : « Que pensait, que ressentait, que vivait celui qui portait cette croix voici plus de deux mille ans ? Que pouvait-il vraiment ressentir au plus profond de lui-même ? Comment en était-il arrivé là ? Nous devons tous affronter la mort, mais pourquoi dut il l'affronter d'une manière aussi cruelle ? Que pouvait signifier cette mort étrange et barbare ? Quel rapport pouvait-il y avoir entre sa mort et ma vie ? »

Après la première représentation, je fus le dernier à quitter le théâtre. Tout en me posant ces questions je me retournai une dernière fois vers la scène. Je croisai alors un regard fixé sur moi, celui d'une dame âgée. Elle me souriait doucement et me demanda à voix basse : « Qu'est-ce qu'il vous a fait ce Jésus pour que vous le traitiez ainsi ? Que savez-vous de lui ? » Puis elle disparut. Etait-elle une employée du théâtre ? Une spectatrice ? Je ne l'ai jamais su.

CHAPITRE 2

L'emprise du temps

Ô Mort, vieux capitaine, il est temps ! Levons l'ancre !

Ce pays nous ennuie, ô Mort ! Appareillons !

Si le ciel et la mer sont noirs comme de l'encre,

Nos cœurs que tu connais sont remplis de rayons !

(Charles Baudelaire, *Le Voyage*)

Je ne cessais de penser à la question de la vieille dame. Je revivais la scène des croix. Je songeais à la personne de Jésus, ce qui me poussait inexorablement à me reposer certaines questions : « Pourquoi la mort ? Est-ce que Jésus a parlé de la mort ? »

Alors, je me mis à relire Pascal car je me souvenais vaguement qu'il avait parlé des questions qui me préoccupaient : « Nous voguons sur un milieu vaste, toujours incertains et flottants, poussés d'un bout vers l'autre (...), nous brûlons de désir de trouver une assiette ferme, et une dernière base constante pour y édifier une tour qui s'élève à l'infini ; mais tout notre fondement craque, et la terre s'ouvre jusqu'aux abîmes. »[8] « L'homme est incapable de voir le néant d'où il est tiré, et l'infini où il est englouti... Connaissons donc notre portée ; nous sommes quelque chose, et ne sommes pas tout... Bornés en tout genre, cet état qui tient le milieu entre deux extrêmes se trouve en toutes nos puissances. »[9]

Je me replongeai dans certains textes de Montaigne pour qui « philosopher c'est apprendre à mourir ». Le célèbre auteur de la Renaissance voulait montrer que la mort est naturelle, qu'il ne faut pas la craindre. C'est quelque chose que j'ai souvent entendu de la part de pas mal d'amis. Pourtant, on sent à la lecture des propos de Montaigne qu'il cherche lui-même à combattre la réalité de sa propre mort ; qu'il tente par des arguments et sa raison de la rendre acceptable, voire agréable. Il parle même de la mort comme d'un ennemi qu'il nous faut combattre : « Si c'était ennemi qui se pût éviter, je conseillerais d'emprunter les armes de la couardise ; mais puisqu'il ne se peut, puisqu'il vous attrape fuyant et poltron, aussi bien qu'honnête homme et que nulle trempe de cuirasse vous couvre, apprenons à le soutenir de pied ferme et à le combattre. »[10]

En 1969, au cours des vacances de Noël, j'avais pris un emploi temporaire dans un hôtel des Gets (en Haute-Savoie). Un soir, je fis une ballade et me retrouvai devant une église ; la porte était ouverte et j'entrai. J'aperçus un gros livre posé sur le pupitre, face à l'autel. Je m'approchai et lut le texte suivant : « J'ai vu quelle occupation Dieu réserve aux humains. Il fait toute chose belle au moment voulu. Il a même mis dans leur cœur la pensée de l'éternité, même si l'homme ne peut pas comprendre l'œuvre que Dieu accomplit du début à la fin. » (Livre de l'Ecclésiaste). Je tournai les pages du gros livre et tombai sur le livre des Proverbes. Ces écrits ne me paraissaient pas religieux, mais plutôt philosophiques ; ils me rappelaient certains textes d'auteurs romains et grecs qu'on étudiait au lycée. « Que faisait ce livre dans une église » me demandai-je ?

Lorsque je levai la tête de ma lecture, je m'aperçus que dehors il faisait nuit noire ; je regardai ma montre. J'avais lu dans le livre pendant plus d'une heure. Je commençai à avoir très froid malgré le long et épais manteau noir dont j'étais revêtu.

En sortant de l'église, je me suis dit qu'il me faudrait revenir un jour et lire dans ce gros livre. Je me suis demandé où je pourrais en trouver un exemplaire. Mais pour comprendre quelle était la nature de ce livre, il me fallut attendre ma première conversation avec Richard Andrzejewski lorsqu'il vint à Genève quelques mois plus tard.

Richard vivait à Lille. Il parlait sur Radio Luxembourg dans l'émission radiophonique *La Voix du Salut*. Les textes de ces émissions ont depuis été largement diffusés et répandus dans le monde entier.[11] Il me fit comprendre qu'en fait les textes de l'Ecclésiaste et des Proverbes, ainsi que les témoignages et récits concernant Jésus, faisaient partie d'un même livre qu'on appelle « la Bible ».

J'avais entendu parler de la Bible mais je ne savais pas qu'il s'agissait en fait d'une collection de soixante-six livres répartis d'abord dans l'Ancien Testament, écrit en hébreu (se situant avant la venue de Jésus), puis dans le Nouveau Testament, écrit en langue grecque (décrivant la vie de Jésus et les débuts du christianisme). Je fus à la fois surpris et émerveillé de découvrir tout cela. Richard fut le premier érudit de la Bible qu'il m'ait été donné de connaître. Par la suite, mon intérêt pour la Bible ne fit que croître. Dès le mois de Janvier 1971, j'entrepris des études bibliques à Belfast (où j'eus le bonheur d'être l'élève de Jim McGuig-gan, professeur de Bible et l'auteur de nombreux ouvrages[12]).

Le lendemain de sa première conférence, Richard et moi nous étions donnés rendez-vous dans un café de la rue des Pâquis. La trentaine, grand et distingué, il dégageait une impression de sérieux tout en restant simple et chaleureux. On percevait très vite chez lui un amour sincère des gens, auquel se mêlait l'érudition, ainsi qu'un sens certain de l'humour.

Au cours de sa conférence il avait parlé d'une parabole de Jésus dans laquelle un homme voulait construire des greniers plus grands pour amasser ses récoltes, et qui finit par se dire : « Mon âme, tu as beaucoup de biens en réserve pour de nombreuses années ; repose-toi, mange, bois et réjouis-toi. » Mais Dieu lui dit : « Cette nuit même, ton âme te sera redemandée, et ce que tu as préparé, pour qui sera-t-il ? » Jésus conclut cette histoire en disant : « Voilà quelle est la situation de celui qui amasse des trésors pour lui-même et qui n'est pas riche pour Dieu. » Je pouvais être « riche pour Dieu », riche d'une autre sorte de richesse que celle procurée par l'argent. Je me disais que j'avais quand même l'option de vivre comme bon me semblait ; je pouvais simplement vivre sans penser à la mort.

Mais ne pas penser à la mort me paraissait impossible. Elle se dressait devant moi comme un obstacle au sens de l'existence, comme un obstacle au bonheur. Il m'a fallu du temps pour comprendre que la mort a une histoire, qu'elle fait partie de ton histoire, de mon histoire, de l'histoire de tous les êtres humains.[13] Pourtant, le fait que nous partageons tous et toutes l'expérience de la mort n'est pas ce qui est finalement le plus essentiel : c'est le fait que nous sommes tous et toutes membres de la même famille ; c'est le fait que nous descendons tous des mêmes parents — quelle que soit notre race, notre religion ou notre nationalité.[14]

Le jour où, pour la première fois, j'ai lu le livre de la Genèse (le premier livre de la Bible), je me suis dit : « Vraiment, nous aurions tous un même père, une même mère ? Si c'est vrai, ça change tout ! » Cela peut paraître étrange, mais les hommes et les femmes que tu croises chaque jour et à qui tu n'adresseras sans doute jamais la parole jouissent d'un lien particulier avec toi.

Le début de la Genèse me parut au premier abord parfaitement contraire à ce que j'avais souvent entendu concernant les origines de la vie : que la vie était apparue par hasard ; qu'il n'y avait pas eu de création mais plutôt une apparition spontanée de la vie (voir sur ce sujet le chapitre 11 : « La science de Dieu »). Je fus tout de même très intrigué par ces textes.

Ces premiers chapitres du premier livre de la Bible m'apparurent comme un album de famille avec ses drames et ses personnages héroïques. Ils mettent en évidence la relation unique, particulière, entre les êtres humains et leur Créateur. En lisant attentivement les douze premiers chapitres, je me suis aperçu que ce texte veut nous conduire aux personnages d'Abraham et de sa femme Sarah, dont Dieu avait remarqué la foi et la justice (Genèse chapitre 12) et qui devinrent les ancêtres du peuple d'Israël à travers leur fils Isaac. Entretemps, on découvre les noms de certains membres de cette famille humaine créée par Dieu : Adam et sa femme Eve, Caïn et son frère Abel, Jabal qui vivait sous des tentes, Hénoc qui marchait avec Dieu, Noé qui construisit l'arche à l'époque du déluge, Térach le père d'Abraham.

Tout au début de la création nos premiers parents vivaient dans un monde harmonieux, où tout était « très bon » (Genèse 1.31) — cette notion de « bonté » étant répétée dans le texte à chaque étape de la création. Ils vivaient dans la paix et dans l'abondance. La nature pourvoyait à tous leurs besoins et Dieu était présent auprès d'eux. L'homme et la femme avaient été créés pour l'amour, lequel était, dès le commencement, leur plus haute vocation.[15] Mais l'amour ne pouvait provenir que du libre choix;

il n'y avait pas d'amour possible sans liberté d'aimer ou de ne pas aimer. Adam et Eve pouvaient choisir librement d'aimer Dieu ou non, de l'écouter ou non.

Ce don extraordinaire, accordé dès les origines aux êtres humains, et qui consiste à pouvoir faire des choix, constitue encore la différence entre le bien et le mal, la justice et l'injustice. Par conséquent, Dieu n'intervient pas continuellement dans notre existence en faisant obstacle à notre liberté ; même s'il en est capable, il n'intervient pas chaque fois que nous maltraitons quelqu'un, ou chaque fois que nous sommes de mauvaise foi ou bien que nous sommes cruels.

Mais il nous parle. Il s'efforce de toucher notre cœur, de nous convaincre. Cela peut se faire à travers nos parents ou nos proches, à travers quelqu'un qu'il nous envoie, à travers des événements ou à travers sa Parole. Ayant reçu de Dieu la liberté de choisir entre le bien et le mal, la question est de savoir si nous sommes disposés à être ouverts à Dieu lorsqu'il s'adresse à notre cœur. Puisque Dieu est source de vie, de tout amour et de toute joie, qu'arrivera-t-il si nous sommes fermés à ce qu'il nous dit ? Aurons-nous alors des réponses à nos questions sur la mort et le sens de notre existence ?

Le récit des origines confirmait pour moi la phrase de Camus : « Tout homme est un criminel qui s'ignore ». Le prophète Jérémie le dit autrement : « Le cœur est tortueux plus que tout, il est incurable. »[16] Comme l'écrit René Girard, l'être humain doit surmonter son amour-propre, sans oublier qu'il est aimé et sans oublier d'aimer le prochain : « Une victoire sur l'amour-propre nous permet de descendre profondément dans le *Moi* et nous livre, d'un même mouvement, la connaissance de l'*Autre*. À une certaine profondeur le secret de l'*Autre* ne diffère pas de notre propre secret. » (René Girard)[17]

Pourtant, le récit des origines montre aussi qu'il y a en chacun de nous quelque chose d'enfoui au plus profond de notre âme et qui est « l'image du divin », c'est-à-dire le reflet de la bonté de toutes choses, le reflet de l'amour à l'origine de l'action créatrice de Dieu qui « créa les hommes pour qu'ils soient son image, oui, il les créa pour qu'ils soient l'image de Dieu. Il les créa homme et femme ».[18]

Puisqu'il faut aimer le prochain comme soi-même, nous devons dès lors prendre garde au cynisme vis-à-vis d'autrui aussi bien qu'à l'égard de nous-mêmes. Le mot prochain n'est pas accidentel. Même celui que tu détestes, que tu méprises, reste *le prochain* : il est plus proche de toi que tu ne l'imagines ; d'une certaine manière, il s'agit de ta « sœur », de ton « frère ».

Un jour, assis à la terrasse d'un café, j'observai le défilé des passants et l'idée m'est venue que je suis moi-même le prochain pour quelqu'un d'autre. Je dois aimer mon prochain « comme moi-même » parce que « moi-même » suis le prochain des autres, même si ces autres ignorent ce fait.

Je découvris progressivement qu'à travers les textes de l'Ecriture (la Bible) Dieu veut reconstruire, restaurer en nous cette image de Dieu, cette image de la bonté de toutes choses, de l'amour qui fut source première de l'œuvre créatrice. C'est d'ailleurs pour cela que nous avons un gros problème avec le mal, l'injustice, la misère humaine. C'est aussi pour cela que nous ne supportons pas qu'on fasse souffrir les êtres vivants, qu'on les exploite, qu'on les maltraite, qu'on les tue.

Mais en nous fermant à la parole de Dieu nous risquons d'effacer complètement de notre cœur cette image de Dieu reçue dès notre naissance et qu'on retrouve chez les petits enfants. « Laissez les petits enfants, ne les empêchez pas de venir à moi, car le royaume des cieux est pour ceux qui leur ressemblent » disait Jésus.[19]

Je me suis rendu compte que par sa parole Dieu veut donner un sens, une direction, à notre existence. Mais comme l'écrit l'historien Jean Delumeau, ce sens et cette direction manquent cruellement dans notre monde, dans notre société : « Les déconstructions successives auxquelles se sont livrés depuis plus de cent ans de nombreux penseurs occidentaux ont réussi à obscurcir dans les esprits cette notion de sens qui est à la fois direction et signification. Il est urgent de la reconstruire ; sinon, ce qu'il y a de meilleur dans notre civilisation périra... »[20]

Dès les origines du monde le Créateur se déclare ennemi de la cruauté, de ceux qui commettent des actes de violence : « Tu ne commettras pas de meurtre. » (Exode 20.13). Le roi Salomon écrit dans le livre des Proverbes : « Mon fils, si des pécheurs veulent t'entrainer, ne cède pas ! Peut-être te diront-ils : 'Viens avec nous ! Dressons des embuscades pour verser du sang, tendons sans raison un piège aux innocents ! Engloutissons-les vivants, comme le séjour des morts ! Oui, engloutissons-les tout entiers comme ceux qui descendent dans la tombe ! (...) Mon fils, ne te mets pas en chemin avec eux, écarte ton pied de leur sentier ! En effet leurs pieds courent au mal et ils sont pressés de verser le sang. »[21]

« L'Eternel examine le juste ; il déteste le méchant et celui qui aime la violence. Il fait pleuvoir sur les méchants des charbons, du feu et du soufre. Un vent brûlant, tel est le lot qu'ils ont en partage, car l'Eternel est juste et il aime la justice ; les hommes droits contemplent son visage. » (Psaumes 11.5-7).

Chacun doit prendre soin des siens, doit les protéger des gens violents : « Si quelqu'un ne prend pas soin des siens, et en particulier des membres de sa famille proche, il a renié la foi et il est pire qu'un non-croyant. »[22] De même qu'il est légitime pour des parents de protéger leurs enfants s'ils sont menacés, il est légitime pour ceux qui gouvernent de protéger les populations qui leur sont confiées. La Bible nous apprend que le gouvernement a la responsabilité de s'opposer aux gens violents, aux meurtriers qui ne respectent pas la valeur de la vie humaine : « En effet, on n'a pas à craindre les magistrats quand on fait le bien, mais quand on fait le mal. Veux-tu ne pas avoir à craindre l'autorité ? Fais le bien et tu auras son approbation, car le magistrat est serviteur de Dieu pour ton bien. Mais si tu fais le mal, sois dans la crainte. En effet, ce n'est pas pour rien qu'il porte l'épée, puisqu'il est serviteur de Dieu pour manifester sa colère en punissant celui qui fait le mal. Il est donc nécessaire de se soumettre aux autorités, non seulement à cause de cette colère, mais encore par motif de conscience (…) »[23] L'interdiction du meurtre est un commandement divin fondamental inscrit dans le décalogue (Exode 20.13).

Jésus a enseigné la compassion. Mais la compassion n'est pas la même chose que la tolérance. Son enseignement n'est pas une approbation des gens violents ou des meurtriers ; cet enseignement n'est pas une manière d'encourager l'injustice ou l'exploitation : « Le fruit de l'Esprit consiste en effet en toute forme de bonté, de justice et de vérité » (Ephésiens 5.9). D'ailleurs, Jésus nous enseigne que Satan est le premier meurtrier et l'inspirateur de tout meurtre : « Il a été meurtrier dès le commencement [dès la création, Genèse 3] et il ne s'est pas tenu dans la vérité parce qu'il n'y a pas de vérité en lui. » (Jean 8.44). « N'imitons pas Caïn : il etait du malin et il a tué son frère. » (1 Jean 3.12).

Mais Jésus ne demande-t-il pas de « tourner l'autre joue » (Matthieu 5.39) ? Pour comprendre ces paroles, nous devons les replacer dans le contexte d'une discussion sur la loi de Moise et dans le contexte de sociétés fondées sur les rapports *d'honneur et de honte* (le concept *d'honneur et de honte* était fondamental dans le monde antique, en particulier dans le monde gréco-romain). Tout d'abord, Jésus parle ici de la loi de Moïse et de son interprétation par les Pharisiens (lire Matthieu 5.17 à 48). Jésus rappelle l'importance de la loi de Moïse : « Ne croyez pas que je sois venu pour abolir la loi ou les prophètes ; je suis venu non pour abolir, mais pour accomplir. » Puis, Jésus encourage ses auditeurs à rechercher la justice qui est selon Dieu : « Si votre justice ne dépasse pas celle des spécialistes de la loi et des pharisiens, vous n'entrerez pas dans le royaume des cieux. » (Matthieu 5.20). Cet « accomplissement » de la loi (sa réalisation dans nos vies) aboutit à l'impératif final : « Soyez donc parfaits comme votre Père céleste est parfait. » (Matthieu 5.48). Il s'agit de rechercher, à travers l'enseignement de Jésus, une manière plus parfaite, plus en harmonie avec Dieu, d'accomplir les exigences de la loi.

Lorsque quelqu'un te frappe sur la joue droite, dit Jésus, il faut lui tendre l'autre joue, c'est-à-dire la joue gauche. Or, normalement c'est la joue gauche qu'on frappe d'emblée. Pour frapper la joue droite il faut la frapper avec le dos de la main droite. Dans le contexte de l'époque, frapper avec le dos de la main représentait, au-delà d'une agression physique, une insulte, un geste qui visait à déshonorer celui ou celle qui le subit (voir la note[24]). Jésus n'est pas en train de dire que les êtres humains doivent se laisser frapper et maltraiter, voire qu'ils doivent encourager un tel comportement. Cet enseignement ne concerne pas ce que nous devons faire si nous sommes agressés physiquement ; en outre, la Bible nous enseigne à protéger les plus faibles des violences d'autrui (Deutéronome 24.17 ; Proverbes 22.22 ; Psaumes 12.5 ; 82.3). L'allusion à l'autre joue concerne la notion *d'honneur et de honte* qui était fondamentale dans les rapports entre les gens. Alors que signifie tourner l'autre joue, s'il ne s'agit pas de simplement se laisser frapper ? Ce dont Jésus parle doit être replacé dans le contexte d'un enseignement de « sagesse » (l'ensemble du texte est un exposé sur la sagesse, Matthieu 7.24-27). La question pour celui qui se sent déshonoré est de savoir comment réagir face à l'insulte, au déshonneur. Devrons-nous frapper de la même manière celle ou celui qui nous déshonore ? Devrons-nous répondre à l'insulte par l'insulte ? Devrons-nous faire autre chose de plus utile au royaume, de plus sage ? On pourrait poser la question autrement : Comment dois-je me positionner par rapport à ceux qui m'insultent ? En tournant l'autre joue, celui ou celle qu'on déshonore se positionne de manière à ne plus être insulté. Notons la différence entre ce type de réaction et celle qui consiste à insulter en retour celui ou celle qui nous insulte. Se positionner différemment, c'est désarmer celui ou celle qui nous insulte. C'est ce que Jésus fait continuellement tout au long de sa vie décrite dans les évangiles. Il est souvent insulté, en particulier par les dirigeants religieux, mais il ne les insulte pas en retour. Il persiste à se positionner comme un enseignant de la sagesse divine. Ce faisant, il introduit une révolution dans les rapports humains.

Jésus vise en particulier le « comportement » des gens qui voudraient exercer la « justice » en leur propre nom, au moyen de représailles personnelles et non à travers un système de lois justes, à travers une juridiction reconnue par la société. Il vise les *Zélotes* de son temps, groupe politique violent et qui fomentait des révoltes contre la domination romaine, groupe qui voulait « venger » l'honneur de Dieu.[25] Cette réflexion me fait penser aux paroles de Montesquieu : « Le mal est venu de cette idée, qu'il faut venger la Divinité. Mais il faut faire honorer la Divinité, et ne la venger jamais. » (*De l'esprit des lois*, Livre XII, chapitre 4).

Ceci me rappelle un événement rapporté par Luc, où des apôtres de Jésus veulent faire descendre le feu du ciel pour punir des villages qui ne l'accueillent pas : « Lorsque approchèrent les jours où il devait être enlevé du monde, Jésus prit la décision de se rendre à Jérusalem. Il envoya devant lui des messagers qui se mirent en route et entrèrent dans un village samaritain pour lui préparer un logement. Mais on refusa de l'accueillir parce qu'il se dirigeait vers Jérusalem. Voyant cela, ses disciples Jacques et Jean dirent: 'Seigneur, veux-tu que nous ordonnions au feu de descendre du ciel et de les consumer ?' Jésus se tourna vers eux et leur adressa des reproches en disant: 'Vous ne savez pas de quel esprit vous êtes animés. En effet, le Fils de l'homme n'est pas venu pour perdre les âmes des hommes, mais pour les sauver.' Et ils allèrent dans un autre village. »[26]

Contrairement aux idées reçues, ce qu'on appelle à tort dans l'Ancien Testament la *loi du talion* (« œil pour œil, dent pour dent » en Matthieu 5.38) n'est pas une loi permettant des représailles personnelles mais délimite, dans un cadre juridique, le châtiment qu'on peut infliger pour une faute, voire un crime (ainsi, par exemple, on ne peut infliger un « œil » pour « une dent »). Ce principe d'une punition égale (et non supérieure ou inférieure) au mal qui a été infligé s'applique uniquement dans un contexte de procès devant des juges, comme l'attestent les textes de l'Ancien Testament : Exode 21. 23, 24 ; Lévitique 24.20 ; Deutéronome 19.21.

A travers l'exemple de la joue qu'on tourne, Jésus montre à ses auditeurs comment ils doivent faire face aux insultes, au déshonneur. En fait, rendre l'insulte pour l'insulte est inutile. Au lieu de frapper, d'insulter à notre tour, la personne qui nous insulte, nous tournons l'autre joue. En faisant cela, il devient alors impossible à l'agresseur d'insulter à nouveau puisqu'il s'agit à présent de la joue droite. Le principe qui consiste à ne pas rendre l'insulte pour une insulte se retrouve dans bien d'autres textes où il s'agit de laisser Dieu défendre notre honneur : Psaumes 89.52 ; 102.9 ; 119.42 ; Esaïe 50.6 ; 51.7 ; Lamentations 3.61. Jésus lui-même devra subir toutes sortes d'insultes : Luc 22.65. Cet enseignement correspond aux paroles de l'apôtre Pierre : « Ne rendez pas le mal pour le mal, ni l'insulte pour l'insulte, bénissez au contraire. » (1 Pierre 3.9).

Celles et ceux qui comptent sur Dieu pour maintenir leur honneur n'ont pas besoin de se l'approprier par la violence. Il en fut ainsi pour David qui fut insulté par le roi Saül et ses compagnons, mais qui se confia en Dieu : « Eternel, que ta bonté vienne sur moi, avec ton salut, conformément à ta promesse ! Alors je pourrai répondre à celui qui m'insulte, car je me confie en ta parole. » (Psaume 119.41). Jésus fut insulté, puis crucifié par les autorités romaines, mais Dieu l'éleva au plus haut point et lui donna autorité sur toutes les nations (Matthieu 28.18).

Nous devons faire face à ceux qui nous insultent ou nous déshonorent, non pas en les insultant ou par la violence, mais en montrant l'exemple d'un comportement honorable ; au moyen de l'exemple et avec la confiance en Dieu qui rend l'honneur à ceux qui ont été déshonorés : « Tu dresses une table devant moi, en face de mes adversaires ; tu verses de l'huile sur ma tête et tu fais déborder ma coupe. » (Psaumes 23.5).

Toutefois, refuser d'insulter en retour (tourner l'autre joue) ne signifie nullement ne rien faire ou ne rien dire face au mal. Bien souvent Jésus corrige et reprend ses adversaires. Dans le livre des Actes les apôtres sont fermes dans leurs paroles face aux adversaires de la foi et du Christ. Les écrits du Nouveau Testament montrent une grande fermeté envers ceux qui abusent de leur pouvoir ou qui maltraitent le prochain. En cela, ils ne diffèrent pas des écrits des prophètes qui sont virulents face aux injustices et aux abus. Tourner l'autre joue ne signifie nullement qu'il faut oublier la sévérité de Dieu et de sa Parole à l'encontre du mal sous toutes ses formes. Si tel n'était pas le cas, il serait impossible de prêcher l'Evangile qui est aussi un appel à changer de comportement, un avertissement quant au jugement à venir et à l'autorité du Christ.

Tout cela ne signifie nullement que le chrétien doit se considérer comme quelqu'un dont le rôle est de sans cesse corriger les autres pour les remettre sur le droit chemin. Tomber dans ce travers comporte un grand risque qui est celui de tomber dans l'hypocrisie ou dans l'orgueil. Il peut devenir très tentant pour le croyant d'oublier sa propre condition spirituelle tout en voulant être celui qui corrige les autres : « Frères et sœurs, si un homme vient à être surpris en faute, vous qui êtes spirituels, redressez-le dans un esprit de douceur. Veille sur toi-même, de peur que toi aussi, tu ne sois tenté. Portez les fardeaux les uns des autres et accomplissez ainsi la loi du Christ. Si quelqu'un pense être quelque chose alors qu'il n'est rien, il se trompe lui-même. Que chacun examine ses propres œuvres, et alors il aura de quoi être fier par rapport à lui seul, et non par comparaison avec un autre, chacun portera sa propre responsabilité. »[27]

En cherchant l'honneur qui vient de Dieu et non l'honneur qui vient des hommes, Jésus nous appelle à être de celles et ceux qui « procurent la paix » (Matthieu 5.3) ; il nous appelle à agir comme le Père céleste qui persiste à faire le bien envers ceux qui font le mal, lui « qui fait lever son soleil sur le méchants et sur les bons, qui fait pleuvoir sur les justes et les injustes (Matthieu 5.45). Face au mal nous devons persister à faire le bien : « Ne rendez à personne le mal pour le mal. Recherchez ce qui est bien devant tous les hommes. Si cela est possible, dans la mesure où cela dépend de vous, soyez en paix avec tous les hommes. Ne vous vengez pas vous-mêmes, bien-aimés, mais laissez agir la colère de Dieu (…) Ne te laisse pas vaincre par le mal, mais sois vainqueur du mal par le bien. » (Romains 12.17-21).

La notion d'*honneur et honte* existe toujours dans bien des cultures où les crimes d'honneur sont courants : « Les notions d'honneur et de honte ainsi que leur utilisation pour justifier des actes de violence et des meurtres n'appartiennent pas à une seule culture ou religion. En effet, la violence liée à l'honneur sous-tend des événements historiques dans de nombreux pays et existe dans de nombreuses œuvres littéraires. »[28]

Pourquoi une telle importance est-elle accordée à cette question de l'honneur et de la honte ? En voulant défendre leur honneur à tout prix, les êtres humains tombent facilement dans ce piège qui consiste à rendre l'insulte pour l'insulte ; ils entrent alors dans le cycle infernal et sans fin des représailles personnelles, qui conduit inévitablement à la violence, au meurtre, voire aux guerres.

On pourrait dire que la vie et l'enseignement de Jésus introduisent un nouveau « paradigme » dans les rapports entre Dieu et l'humanité ainsi que dans les relations entre les êtres humains. On en trouve les éléments majeurs dans le texte qu'on appelle le *Sermon sur la montagne* (Matthieu chapitres 5 à 7) et qui montre comment le royaume de Dieu se manifeste sur terre à travers celles et ceux qui « procurent la paix ». A travers Jésus nous apprenons à agir comme le Père céleste qui est aussi Père de tous les êtres humains : « Et si vous saluez seulement vos frères, que faites-vous d'extraordinaire ? Les membres des autres peuples n'agissent-ils pas de même ? Soyez donc parfaits comme votre Père céleste est parfait. » (Matthieu 5.48).

CHAPITRE 3

La lignée de Dieu

Arbre de vie, donnez-nous le pain réel.

Vous-même êtes ma nourriture.

(Paul Claudel)

Certains poètes de la Grèce ancienne avaient compris que nous ne sommes pas simplement des créatures animales dotées d'une intelligence supérieure ; ils avaient compris que nous sommes de « la descendance de Dieu », que nous sommes de « sa lignée ».[29] Ainsi s'exprimait le poète grec Aratus dans *Phaenomena*.[30]

Un jour de l'an 50 de notre ère — une vingtaine d'années après la crucifixion de Jésus — l'apôtre Paul, qui était lui même un érudit, s'adresse aux philosophes d'Athènes et leur dit que les êtres humains doivent chercher celui qui a créé le monde « bien qu'il ne soit pas loin de chacun de nous ». C'est alors qu'il cite les poètes grecs, en disant : « En effet, c'est en lui [en Dieu] que nous avons la vie, le mouvement et l'être, comme l'ont dit aussi quelques-uns de vos poètes : 'Nous sommes aussi de sa lignée'.»[31]

Nous sommes *de la lignée de Dieu* veut dire que toi et moi nous avons été créés *à son image, à sa ressemblance* — à la ressemblance de la bonté, de l'amour, de la justice qui caractérise Dieu. Il y a en nous quelque chose qui recherche ce qui est divin, qui aspire à la justice, l'amour, la bonté.[32] Il faut aussi remarquer le lien entre cette idée et l'affirmation de Paul, selon laquelle le Créateur « n'est pas loin de chacun de nous. »

Tu es « de la lignée de Dieu » et c'est aussi le cas pour ton prochain, quelle que soit sa nationalité, sa race ou sa religion. C'est pour cela que tu ne dois pas lui faire du mal ou lui prendre sa vie ; c'est pour cela que tu ne dois même pas le maudire avec ta langue : « Par la langue nous bénissons Dieu notre Père, et par elle nous maudissons les hommes faits à l'image de Dieu. De la même bouche sortent la bénédiction et la malédiction. Mes frères et mes sœurs, il ne faut pas que tel soit le cas. Une source fait-elle jaillir par la même ouverture de l'eau douce et de l'eau amère ? Un figuier, mes frères et sœurs, peut-il produire des olives, ou une vigne des figues ? Aucune source ne peut produire de l'eau salée et de l'eau douce. »[33]

L'aspiration aux valeurs de bonté, de bien, d'amour dont nous ressentons la présence en nous font partie de qui nous sommes en raison de notre ressemblance au divin, en raison de la conscience qui est un des attributs qui nous est accordé dès notre naissance : « La gloire, l'honneur et la paix seront pour tout homme qui fait le bien (…) ils se tiennent lieu de loi à eux-mêmes, bien qu'ils n'aient pas la loi. Ils montrent que l'œuvre de la loi est écrite dans leur cœur, car leur conscience en rend témoignage…

» (Lettre de Paul aux Romains).[34]

Le bonheur d'exister et la paix sociale sont indissociables de la façon dont nous traitons nos proches et même ceux qui le sont moins. Nous ne devons pas nous mettre en guerre contre Dieu, contre *l'Amour, la Justice, la Bonté*. C'est cette guerre contre Dieu qui, peu à peu, avec l'âge, nous fait perdre le bonheur d'exister, la joie de vivre et qui produit la violence en ce monde.

Dans ma jeunesse j'ai entendu parler de certaines *valeurs*, telle que la dignité de la personne humaine — valeurs qui devraient aboutir à une société marquée par *la liberté, l'égalité, la fraternité*. Au lycée nous avons lu les textes de Montaigne, de Rousseau, et d'auteurs plus modernes qui parlent de ces valeurs sans toutefois qu'on nous dise que ces valeurs furent tout d'abord énoncées par Jésus, et cela bien des siècles avant les *Droits de l'Homme* — droits qui représentent, comme nous le rappelle René Girard « un contre-pouvoir universel contre la logique non moins universelle du pouvoir, contre le système dominant/dominé. Cette conception n'est pas sortie de rien en Occident. Elle appartient tout entière à la tradition judéo-chrétienne et particulièrement à la parole de Jésus-Christ ».[35]

Rousseau croyait aux valeurs de l'Evangile et disait : « La mort de Socrate, philosophant tranquillement avec ses amis, est la plus douce qu'on puisse désirer ; celle de Jésus expirant dans les tourments, injurié, raillé, maudit de tout son peuple, est la plus horrible qu'on puisse craindre. Socrate prenant la coupe empoisonnée bénit celui qui la lui présente et qui pleure ; Jésus, au milieu d'un supplice affreux, prie pour ses bourreaux acharnés. [...] Oui, si la vie et la mort de Socrate sont d'un sage, la vie et la mort de Jésus sont d'un Dieu. Combien misérables et méprisables sont les paroles de nos philosophes, avec toutes leurs contradictions, comparées aux saintes Ecritures. Je suis chrétien, non comme un disciple des prêtres, mais comme un disciple de Jésus-Christ.» (Jean Jacques Rousseau).[36]

Jean Jaurès croyait aussi aux valeurs bibliques : « la Bible fait bondir la tête et le cœur des hommes, tressaillir les collines. C'est le livre des sursauts, des images grandioses et tragiques, des grandes revendications sociales, des prophéties annonçant l'égalité fraternelle des hommes, amenant la disparition de la guerre entre les peuples, l'apaisement des nations irritées et de la nature elle-même ». Vers la fin de sa vie, Jaurès rédige ces mots : « Je relis lentement la Bible et je me laisse imprégner par son message de paix. »

Abraham Lincoln affirmait que « sans la Bible nous ne pourrions savoir ce qui est juste ou ce qui ne l'est pas. Toutes choses les plus désirables pour le bonheur de l'homme, ici-bas et au delà, y sont dépeintes ». Pour George Washington, le premier président des Etats-Unis, « il est impossible de gouverner droitement le monde sans Dieu et sans la Bible ».

Puisque nous avons tous reçu l'image de Dieu en nous, et ce dès notre naissance, comment cette image peut-elle demeurer en nous ? Cela se fait tout d'abord à travers celles et ceux qui au cours des siècles nous ont parlé, nous ont communiqué ce qui leur fut transmis (sens premier du mot *tradition*). En effet, Jésus nous dit que *la parole de Dieu* est comme *une semence* qui doit être plantée dans le cœur. Cette semence finit par produire une récolte, un fruit qui se manifeste dans la vie des êtres humains (Matthieu chapitre 13). Or, lorsque les femmes et les hommes cessent de transmettre cette parole, nous voyons progressivement réapparaitre un monde égoïste ou indifférent, voire un monde brutal et violent comme ce monde gréco-romain dans lequel Jésus a semé, voici un peu plus de deux mille ans, la bonne nouvelle d'une parole de dignité de la personne humaine.

Ce monde était celui des empereurs fous et des légions. C'était la société romaine dans laquelle on « exposait » (on abandonnait) les bébés ou les enfants dont on ne voulait pas, sans qu'aucune loi ou qu'aucun principe ne s'y oppose. C'était le monde dans lequel on ne se préoccupait pas des pauvres ou des handicapés. C'était le monde des combats sanglants de gladiateurs. C'était le monde du gouverneur Pilate qui faisait couler le sang quand bon lui semblait — le cœur rempli de haine envers ce peuple Juif sur lequel Rome lui avait donné un certain pouvoir. C'est ce monde barbare qui vit naître Jésus — un monde quasiment incapable de pitié ou de compassion envers les plus faibles, les plus vulnérables. C'est ce genre de monde qui crucifia le Seigneur Jésus. C'est ce genre de monde que les êtres humains recréent chaque fois qu'ils tombent dans le cynisme vis-à-vis du prochain ou dans le cynisme à l'égard d'eux-mêmes ; quand ils oublient ou méconnaissent la parole de Jésus, source d'amour et de paix.

CHAPITRE 4

La solitude et les autres

Etre ensemble

Et chacun dans son île

Quand il

Nous semble

Qu'on devient immobiles

...on change de piles...

Plutôt deux solitudes

Qu'une habitude

Ensemble...[37]

Cet extrait du chant triste et nostalgique d'Elsa Lunghini exprime la solitude qui peut exister, même chez ceux qui sont ensemble ; il parle aussi d'amour car la solitude — ce fléau des sociétés modernes — n'a qu'une seule explication : l'absence d'amour authentique et réciproque.

Dans mon adolescence je sentais pas mal de nostalgie dans les chansons françaises des années soixante, même si la légèreté n'en était pas absente. Le thème de la solitude revenait souvent. *Comme d'habitude*, chanté par Claude François, reflétait des sentiments partagés par beaucoup de mes proches et de mes amis. C'est le parolier Gilles Thibaut qui avait mis en forme le texte de cette chanson : '*Je me lève et je te bouscule /Tu ne te réveilles pas comme d'habitude / Sur toi je remonte le drap / j'ai peur que tu aies froid / Comme d'habitude / Ma main caresse tes cheveux / Presque malgré moi / Comme d'habitude / Mais toi tu me tournes le dos / Comme d'habitude / Alors je m'habille très vite / Je sors de la chambre / Comme d'habitude / Tout seul je bois mon café / Je suis en retard / Comme d'habitude / Sans bruit je quitte la maison / Tout est gris dehors / Comme d'habitude / J'ai froid / Je relève mon col / Comme d'habitude...*[38]

On sent dans ces paroles à propos d'un couple que chacun vit sa propre solitude car l'amour d'autrefois n'est plus qu'une simple habitude.

Tout au long de ma jeunesse j'ai pu voir des couples amoureux se promener la main dans la main. Ils ne cachaient pas le plaisir qu'ils avaient d'être ensemble ; ils rayonnaient véritablement et les gens ne pouvaient s'empêcher de se retourner pour les regarder marcher. Malheureusement, j'ai connu très peu de couples mariés qui semblaient s'aimer. Je pense que le rejet du mariage traditionnel est la conséquence de cette difficulté qu'on éprouve à rencontrer, puis à vivre, un amour authentique.

L'amour vu sous cet angle restait un tabou dans les discussions que j'entendais de la part des adultes autour de moi. S'agissait-il de la part des adultes que je connaissais d'une sorte de pudeur à parler des choses du cœur ? Craignaient-ils de montrer aux autres leurs sentiments les plus profonds ? Je le pense maintenant. En effet, au cours de l'adolescence j'ai constaté une attitude assez répandue et qui m'a toujours intriguée : d'un côté, on usait d'une grande liberté pour parler du corps ou de la sexualité ; de l'autre, on sentait une timidité extrême à parler des croyances, des convictions morales ou spirituelles. Je compris assez rapidement que tout ce qui touche au cœur, voire à la foi, ne se dévoile que difficilement ou d'une manière indirecte. Assez souvent, j'ai même eu des conversations avec des gens qui au premier abord faisaient semblant de ne pas croire en Dieu tout en y croyant, comme s'ils étaient honteux d'avoir à l'admettre ; comme si les gens étaient formés dès le plus jeune âge à la discrétion sur les questions touchant à la foi ou à la morale.

Jésus parle de l'amour en disant : « Tout ce que vous voudriez que les hommes fassent pour vous, vous aussi, faites-le de même pour eux, car c'est ce qu'enseignent la loi et les prophètes. »[39] L'amour consiste tout d'abord à refuser de faire du mal au prochain : « L'amour ne fait pas de mal au prochain ; l'amour est donc l'accomplissement de la loi. »[40]

Je me demandais comment il est possible d'aimer, d'agir de manière à faire fleurir l'amour, tout en étant suffisant, imbu de soi, rempli d'orgueil. Comment peut-on insulter ou brutaliser quelqu'un physiquement tout en prétendant l'aimer ? Comment peut-on aimer réellement celle ou celui dont on se moque ou qu'on méprise jour après jour ?

Quel est le plus grand adversaire de l'amour ? A mon avis, c'est le pouvoir, ou comme le dit René Girard « la logique du pouvoir ». En effet, la logique de l'amour telle qu'elle se manifeste dans la personne de Jésus et dans de nombreux écrits bibliques (en particulier dans les textes des prophètes d'Israël), est une logique du service et non du pouvoir. Cette logique du service peut paraître totalement irréaliste et inadaptée aux réalités de notre monde, pourtant elle est au cœur de ce que le Christ a vécu et démontré par sa vie et nous appelle à vivre nous-mêmes.

Le pouvoir que l'on voudrait exercer sur les autres n'est pas uniquement ennemi de l'amour ; il l'est de la paix sociale et du bonheur en général. Trop de gens passent leur temps à s'assurer que leur pouvoir est bien reconnu. Trop de gens ambitieux le sont uniquement dans l'intention d'exercer un pouvoir sur les autres. Mais ceci n'est pas un problème nouveau ou spécifiquement français ; Jésus ne cesse d'en parler à ses disciples dans les évangiles : « Vous savez que ceux que l'on considère comme les chefs des nations dominent sur elles et que leurs grands les tiennent sous leur pouvoir. Ce n'est pas le cas au milieu de vous, mais si quelqu'un veut être grand parmi vous, il sera votre serviteur ; et si quelqu'un veut être le premier parmi vous, qu'il soit l'esclave de tous. En effet, le Fils de l'homme est venu non pour être servi, mais pour servir et donner sa vie en rançon pour beaucoup. »[41]

Les forces adverses à Dieu sont toujours celles qui veulent s'assurer d'un pouvoir sur les gens. Satan est à la source de cette force d'opposition à Dieu qui veut asservir les êtres humains, qui veut les faire plier à sa volonté pour mieux les contrôler. Ce n'est pas sans raison que la Bible décrit ces forces à l'aide d'expressions qui se réfèrent à l'exercice du pouvoir : « Au reste, fortifiez-vous dans le Seigneur, et par sa force toute-puissante (…) Car nous n'avons pas à lutter contre la chair et le sang, mais contre les dominations, contre les autorités, contre les princes de ce monde de ténèbres, contre les esprits méchants dans les lieux célestes. »[42]

Satan tente Jésus et lui offre les pouvoirs de ce monde : « Puis il lui dit : 'Je te donnerai toute cette puissance et la gloire de ces royaumes, car elle m'a été donnée et je la donne à qui je veux. Si donc tu te prosternes devant moi, elle sera tout à toi.' »[43]

Où trouverons-nous la paix, la justice ? Suffira-t-il de changer les lois, ou faudra-t-il plus de police, pour que nous puissions vivre dans la joie ? L'Etat ou la police ont-ils le pouvoir de changer le cœur des gens ? Est-ce là leur fonction ? Je ne le pense pas. Pour Jésus tout ce qui est mauvais vient du « cœur » : « C'est de l'intérieur, c'est du cœur des hommes que sortent les mauvaises pensées, les adultères, l'immoralité sexuelle, les meurtres, les vols, la soif de posséder, les méchancetés, la fraude, la débauche, le regard envieux, la calomnie, l'orgueil, la folie. Toutes ces choses mauvaises sortent du dedans et rendent l'homme impur. » (Marc 7.21-23).

Aucune loi humaine ne peut accomplir ce que l'Esprit de Dieu est seul à même de réaliser, c'est-à-dire transformer le cœur humain. Dieu seul peut dire : « *Je leur donnerai un seul cœur et je mettrai en eux un esprit nouveau. Je retirerai de leur corps le cœur de pierre et je leur donnerai un cœur de chair. Ainsi ils pourront suivre mes prescriptions, garder et respecter mes règles. Alors ils seront mon peuple et je serai leur Dieu.* »[44] Mais comment Dieu peut-il changer un cœur de « pierre » et le remplacer par un cœur de « chair » (un cœur vivant) ? Comment Dieu peut-il opérer une telle transformation du cœur humain, endurci par une vie sans amour ? Comment Dieu peut-il redonner au cœur humain cet amour, cette espérance, cette confiance qui lui ont tant manqué ?

La Parole de Dieu appelle cette transformation une « grâce », c'est-à-dire un don que Dieu seul peut offrir. Cette grâce, Dieu l'offre au monde par Jésus-Christ ; elle est reçue par la foi. Je me souviens très bien des gens qui, au cours de mon enfance, m'ont démontré de l'affection, m'ont pris dans leurs bras et m'ont parlé avec tendresse. Je n'ai pas oublié les conversations avec certains adultes qui m'écoutaient et voulaient mieux me connaître. Les enfants sont tout disposés à recevoir la « grâce ». Mais lorsqu'ils deviennent adultes sans cette « grâce », ils entrent dans un monde dans lequel il devient de plus en plus difficile de recevoir des autres et de donner quoi que ce soit en retour. C'est précisément dans cette situation que la parole de Jésus est une *bonne nouvelle* (sens du mot « évangile ») : il n'est jamais trop tard pour se mettre à l'écoute de Jésus qui vient prendre sur lui nos fardeaux, qui vient nous offrir sa grâce, l'accès au monde de Dieu. Même l'homme et la femme adultes peuvent devenir comme des « petits enfants », accueillir la grâce, le don de Dieu : « Vraiment, je vous l'assure : si vous ne changez pas d'attitude et ne devenez pas comme de petits enfants, vous n'entrerez pas dans le royaume des cieux. »[45]

Chaque jour de notre vie nous avons besoin de « grâce » ; nous avons besoin de recevoir la grâce pour pouvoir donner, pour nous aimer nous-mêmes et pour aimer les autres. C'est ce principe de *la grâce*[46], du don offert à tous les hommes, qui permet d'introduire la justice et la paix en ce monde. Sans ce principe tous nos efforts pour légaliser le bien ne pourront parvenir qu'à une pauvre imitation de ce que Dieu attend de nous. « Si une loi qui puisse procurer la vie avait été donnée, la justice viendrait réellement de la loi » écrit Paul.[47]

Le chanteur George Brassens se disait athée. Pourtant, ses chansons ne sont pas des diatribes contre Dieu ou la foi. Il disait lui-même : « Je parle beaucoup de Dieu. Je le cherche un peu. Mon poète préféré, c'est quand même le Christ, en admettant que le Christ ait existé. Les Evangiles, c'est mon poème préféré. »[48] Tout en exprimant ses doutes sur l'existence du Christ, Brassens avait reçu quelque chose à travers l'Evangile.

Mais plus qu'un poème écrit dans un livre, l'Evangile est le récit d'un poème vécu. L'histoire de Jésus n'est ni une fable ni un simple poème : c'est la venue sous une forme humaine de Dieu lui-même, le créateur du monde : « Ce qui était dès le commencement, ce que nous avons entendu, ce que nous avons vu de nos yeux, ce que nous avons contemplé et que nos mains ont touché concernant la parole de la vie, nous vous l'annonçons. La vie, en effet, s'est manifestée ; nous l'avons vue, nous en sommes témoins et nous vous l'annonçons, *cette vie éternelle qui était auprès du Père et qui s'est manifestée à nous.* Ce que nous avons vu et entendu, nous vous l'annonçons [à vous aussi] afin que vous aussi, vous soyez en communion avec nous. Or, c'est avec le Père et avec son Fils Jésus-Christ que nous sommes en communion, et nous vous écrivons cela afin que notre joie soit complète. » (1 Jean 1.1-4).

Les artistes ressemblent à des vases disposés à recevoir des trésors qu'ils seront ensuite capables de partager avec d'autres. Le Christ veut verser en nous des trésors d'amour et de justice que nous pourrons ensuite partager avec le monde.[49] D'une certaine manière, nous sommes tous créés pour devenir des artistes : pour recevoir de Dieu et pour redonner ce que nous avons reçu de lui. Le philosophe français Henri Bergson (1859 -1941) ne pensait pas que chaque être humain pouvait être un artiste[50] ; sinon, disait-il « nous entendrions chanter au fond de nos âmes, comme une musique quelquefois gaie, plus souvent plaintive, toujours originale, la mélodie ininterrompue de notre vie intérieure ». Mais quand est versé en nous l'Esprit de Dieu qui est la source de toute créativité, de toute nouveauté et de toute beauté, nous percevons alors la « vie intérieure » qui nous est propre car c'est l'Esprit qui nous l'a donnée au départ, et ce dès notre conception : « C'est toi qui as formé mes reins, qui m'as tissé dans le ventre de ma mère. Je te loue de ce que je suis une créature si merveilleuse. Tes œuvres sont admirables, et je le reconnais bien. » (Psaume 139.14).

Nous ne sommes pas faits pour l'indifférence, la cruauté, la haine ou la solitude. Nous sommes faits pour recevoir l'amour et pour le partager ; pour être aimés et pour aimer en retour. Mais sans communauté, sans famille, sans amis véritables, c'est la solitude qui s'installe dans l'existence humaine. Je suis reconnaissant d'avoir connu tout au long de ma vie de tels êtres — de tels « vases » — qui se sont laissés remplir de la vérité de l'Evangile et de l'Esprit de Dieu. Sans eux, mon cœur se serait inévitablement endurci. Voilà pourquoi la Bible parle de *l'église* non pas comme d'un bâtiment, mais comme étant l'ensemble des croyants réunis par leur foi en Jésus-Christ et qui partagent un amour commun pour Dieu — amour sans lequel ils ne sauraient comment aimer (1 Jean 4.4) ; amour pour Dieu et « les uns pour les autres ».

Cet amour rend possible la réalisation du projet de Dieu qui est un projet d'amour. Pour que cette possibilité se réalise, chacun doit continuellement se mettre à l'écoute de la parole du Christ : « Celui qui a mes commandements et qui les garde, c'est celui qui m'aime. »[51] Il n'y a rien de pesant dans tout cela ; les commandements de Jésus ne sont pas « un fardeau » : « En effet, l'amour envers Dieu consiste à respecter ses commandements. Or ces commandements ne représentent pas un fardeau… »[52] Il ne s'agit pas de quelque chose d'inaccessible ou qui ne se trouve qu'à la portée de certains. La vérité de l'Evangile n'est pas occulte ; elle n'est pas quelque chose qu'il faut chercher dans un lieu lointain, quasiment introuvable, ou par le moyen d'une démarche ésotérique dont il faudrait peu-à-peu grimper les échelons. Cette vérité correspond à ce que cherche déjà notre cœur : « La parole est tout près de toi, dans ta bouche et dans ton cœur. Or cette parole est celle de la foi que nous prêchons. »[53]

Mais comment pourrions-nous nous en remettre totalement à la parole d'un autre ? Comment pourrions-nous avoir confiance dans des récits d'un autre temps ? Une telle approche à l'existence ne constitue-t-elle pas le comble de l'asservissement de la pensée ? Ne devrions-nous pas, tout au contraire, nous débarrasser de toute idée, de toute vision du monde, qui n'aurait pas son origine en chacun d'entre nous ?

C'est peut-être regrettable, mais aucun d'entre nous ne peut prétendre à être source de vérité. La référence à Descartes tend à nous faire penser qu'une telle prétention est à notre portée. *Je pense donc je suis* paraît une idée intéressante sur le papier ou dans des discussions. Mais dans cette quête du vrai, nous ne pouvons pas prétendre à l'autonomie ; nous dépendons tout d'abord de Dieu, puis des êtres humains qui nous entourent. Dès notre naissance, nous sommes avant tout destinés à recevoir ; nous dépendons d'autrui. Ma capacité à penser dépend tout d'abord de mon existence physique et sensible et de certaines expériences tangibles ; ensuite, je dépends de mes parents ou de ceux qui m'ont élevé, de mon entourage immédiat. Le révélation biblique concernant l'être humain consiste tout d'abord à dire qu'il est un être physique, un être créé, dépendant de Dieu, de son environnement et de ceux qui l'entourent. Le philosophe Locke se demandait comment notre âme en vient à recevoir des idées : « D'où puise-t-elle tous ces matériaux qui sont comme le fond de tous ses raisonnements et de toutes ses connaissances ? A cela, je réponds en un mot, de l'Expérience : c'est là le fondement de toutes nos connaissances : et c'est de là qu'elles tirent leur première origine. »[54]

Mon corps et ma pensée ne sont pas réellement séparables. De plus, mon corps et ma pensée ne sont pas totalement séparables du corps et de la pensée des êtres qui m'entourent. Dès les premiers jours de ma vie sur terre je n'ai pu survivre en ce monde que grâce à des hommes et des femmes qui m'ont nourri, m'ont protégé, m'ont parlé. C'est grâce aux autres que j'ai appris à parler, en les écoutant. Dès ma naissance, j'ai d'abord été aimé. Nous pouvons essayer de lutter contre cette « dépendance », en refusant par exemple d'aimer. Mais en refusant d'aimer les enfants qui viennent au monde, et même les enfants qui ne sont pas encore nés, en voulant être totalement autonomes des autres, totalement libres de nos décisions morales, nous nous opposons à ce qui constitue l'essence même de notre nature humaine ; nous luttons contre ce qui est l'essence même de la vie : la communion avec les autres, une vie fondée sur l'amour. Le refus de l'amour est le plus grand péché que nous puissions commettre et produira toujours la solitude, la mort des relations, l'absence de joie.

En 2015 le gouvernement français s'est vu contraint de revenir à « un enseignement à caractère moral au sein de l'école, après avoir abandonné ce dernier pendant plus de quarante ans : « La morale avait disparue de l'école pour être remplacée par des cours d'instruction civique. Mais les événements de janvier ont changé la donne : la morale est de retour au collège et au lycée. Un enseignement moral et civique va être dispensé en France dès cette rentrée. » (Roselyne Febvre en débat avec Carole Barjon et Guillaume Perrault, *Le Figaro*).[55]   En 2008 l'instruction civique et morale faisait déjà son retour à l'école ; puis en 2011 on recommanda aux enseignants de transmettre un enseignement « civique et moral » pouvant « favoriser le développement d'une aptitude à vivre ensemble ».[56]

Mais qu'en est-il aujourd'hui de cet enseignement ? C'est celui du relativisme philosophique : « En effet, même le nouvel 'enseignement moral et civique' est loin d'être l'outil que les Français attendent. C'est le relativisme le plus total qui prévaut. Les programmes de cette discipline commencent par une mise en garde, qui sonne comme une lâche retraite, 'les valeurs et les normes que cet enseignement a pour objet de transmettre et de faire partager doivent pouvoir être acceptées par tous, quelles que soient les convictions, les croyances ou les choix de vie personnels.' Ces 'valeurs' et ces 'normes' ne sont à aucun moment explicitées clairement dans le document, ce qui revient à dire aux enseignants 'débrouillez-vous!'. Mais attention, choisissez bien les valeurs que vous allez enseigner pour qu'elles ne heurtent personne. » (*Le Figaro*, 30/04/2015).

Ce relativisme civique et « moral » permettra-t-il vraiment d'apprendre le vivre ensemble ? Pourra-t-il aboutir à ce que nous pensions aux autres et non seulement à nous-mêmes ? Sera-t-il capable d'enrayer la haine ou la violence à l'égard d'autrui ? Mon sentiment personnel est que cet enseignement « moral et civique » qu'on voudrait maintenant dispenser dans les écoles a pour but de limiter les actes les plus extrêmes de haine ou de criminalité, a pour vocation d'endiguer si possible la montée du terrorisme. Mais cet enseignement n'a pas le pouvoir, ni même la prétention, d'inspirer un comportement capable de transformer radicalement le mal-être de notre société. Il n'a pas le pouvoir ou la prétention de transformer radicalement le cœur humain et les relations humaines. Il n'apporte rien de transcendant par rapport à l'existence humaine.

Mais pourquoi attendre de l'Etat ou de l'Ecole ce qu'ils ne peuvent pas transmettre ? En venant au monde nous prenons tout d'abord conscience que nous sommes des individus à part entière, que nous pouvons nous mouvoir, parler, réagir aux autres. A travers le « miracle » du langage, nous commençons à communiquer. A partir de toutes ces expériences nous nous forgeons notre propre vision du monde. Mais à travers ces processus, nous restons toujours liés aux autres. Notre vision du monde est façonnée de mille manières par notre entourage. Sartre admet, par exemple, qu'il fut conduit à l'incroyance par son milieu familial : « Dans notre milieu, dans ma famille, la foi n'était qu'un nom d'apparat pour la douce liberté française ; on m'avait baptisé, comme tant d'autres, pour préserver mon indépendance ; en me refusant le baptême, on eût craint de violenter mon âme ; catholique inscrit, j'étais libre, j'étais normal : 'Plus tard, disait-on, il fera ce qu'il voudra.' […] Le débat se poursuivait dans ma tête, affaibli : un autre moi-même, mon frère noir, contestait languissamment tous les articles de foi ; j'étais catholique et protestant, je joignais l'esprit critique à l'esprit de soumission. Dans le fond, tout cela m'assommait : je fus conduis à l'incroyance non par le conflit des dogmes mais par l'indifférence de mes grands-parents. »[57]

Au lycée, un jeune entendra sans doute parler de philosophie et de « vérités » qui sont propres à certains philosophes, comme par exemple ce qu'écrit Comte-Sponville à propos d'une vérité qui devrait, selon lui, nous suffire : « Car il est vrai que nous vivons, que nous désirons, que nous rêvons. Et cette vérité suffit : la beauté n'est pas mais nous aimons effectivement le beau ; la justice n'est pas, mais nous nous battons réellement pour elle ; la vérité n'a pas de valeur, mais nous désirons la connaître. ». (André Comte-Sponville).[58] Au cours de mon adolescence, je découvris en effet des « vérités » définies de cette manière. La quête de la vérité devait demeurer une quête ; elle ne pouvait jamais aboutir. Nous ne pouvions jamais penser qu'une vérité existe vraiment, si ce n'est la vérité qu'il n'existe pas de vérité.

Je me trouvais alors face à toutes sortes d'affirmations ou de négations qu'il me fallait peser, auxquelles il me fallait réfléchir. Je sortais de l'adolescence et devenais un adulte. Comme Balavoine, je chantais : « La vie ne m'apprend rien » ; ou plutôt, la vie m'apprenait qu'il existe nombre de choses profondément « désespérantes », voire « absurdes » dans notre monde, comme le pensait déjà le roi Salomon il y a trois mille ans : « J'ai vu tout ce qui se fait ici-bas, eh bien, ce n'est que fumée, course après le vent. »[59] Mais un jour je me suis trouvé face aux paroles du Christ qui parle autrement et qui dit : « Je suis le chemin, la vérité et la vie. » Je découvris le témoignage étonnant de celles et ceux qui avaient marché à ses côtés, qui l'avaient vu multiplier les pains et les poissons et ressusciter Lazare.

Je constatai que Jésus me parle d'une vérité qui conduit à la vie éternelle, une vérité qui veut apporter l'amour au monde.

Alors, je compris que j'étais invité à entrer dans une existence fondée sur une vérité qui ne se présente pas comme une chimère, mais qui s'affirme comme étant ancrée dans la réalité : « Venez à moi, vous qui êtes fatigués et courbés sous un fardeau, et je vous donnerai du repos. » ; « Je suis la lumière du monde. Celui qui me suit ne marchera pas dans les ténèbres, mais il aura au contraire la lumière de la vie. » ; « Je suis le pain de la vie. Celui qui vient à moi n'aura jamais faim et celui qui croit en moi n'aura jamais soif. » ; « Je suis la résurrection et la vie. Celui qui croit en moi vivra, même s'il meurt ; et toute personne qui vit et croit en moi ne mourra jamais. Crois-tu cela ? »

Moi aussi je me suis trouvé face à cette question de Jésus : « Crois-tu cela ? » — question à laquelle il m'était possible de donner seulement deux réponses : « Oui, je crois » (Je fais confiance au Christ) ou « Non, je ne crois pas » (Je ne fais pas confiance au Christ). Je devais prendre « le risque » de la « confiance », mais aussi de l'expérience vécue, et suivre Jésus de Nazareth.

Face à la vie du Christ et face à ses paroles mon cœur et ma raison devaient faire un choix, devaient prendre une décision. Il m'était impossible de me dérober à l'appel et l'expérience de l'amour, tels qu'ils se manifestaient dans la vie du Christ. Comme le dit Kierkegaard, le philosophe chrétien existentialiste : « La vie n'est pas un problème à résoudre mais une réalité dont il faut faire l'expérience. »

CHAPITRE 5

La femme qui aimait Jésus

Je suis à mon bien-aimé, et mon bien-aimé est à moi.

(Cantique des Cantiques 6.3)

En 1995, lors d'une belle après-midi ensoleillée d'octobre, je fis la rencontre d'un promeneur avec qui j'eus une conversation fortuite. Au cours de notre discussion je soulevai la question de savoir s'il était plus difficile d'*aimer Dieu* ou de *croire* en lui. Mon interlocuteur réagit aussitôt à ma question en disant : « Comment pouvez-vous parler d'aimer Dieu ? Dieu a-t-il un corps ? »

Il me fallut un moment pour comprendre la réaction de mon interlocuteur pour qui le verbe « aimer » ne pouvait signifier que deux choses : des relations romantiques ou des relations sexuelles.

Dans *Le Cantique des Cantiques*, un livre de la Bible, les amies de la belle jeune femme qui cherche son amant lui disent : « Où est allé ton bien-aimé, toi la plus belle des femmes ? De quel côté ton bien- aimé s'est-il dirigé ? Nous le chercherons avec toi. » Celle-ci répond : « Je suis à mon bien-aimé, et mon bien-aimé est à moi. » « J'ai ouvert à mon bien-aimé, mais mon bien-aimé s'était retiré, il avait disparu. Je perdais tous mes moyens pendant qu'il parlait ! Je l'ai cherché, mais je ne l'ai pas trouvé. Je l'ai appelé, mais il ne m'a pas répondu. »[60]

Le *Cantique des Cantiques* se présente comme un chant d'amour, un poème romantique. Mais tout en décrivant cette attirance du roi berger pour la belle jeune femme, le *Cantique des Cantiques* est plus profond dans son approche ; il souligne la dimension de fidélité, de respect de l'autre, la dimension de confiance qui sous-tendent tout véritable amour et font partie d'une connaissance authentique de l'autre. C'est la raison pour laquelle ce livre de la Bible illustre en outre les rapports d'amour entre Dieu et son peuple — rapports fondés sur le respect et la fidélité.

J'eus le plus grand mal à poursuivre cette conversation car l'homme avec qui je parlais ne pouvait absolument pas concevoir l'idée que nous puissions avoir une relation d'amour avec Dieu. Il finit toutefois par réaliser que cette idée ne lui était pas totalement étrangère, qu'il avait entendu parler d'un amour pour Dieu dans sa jeunesse. Il ne parvenait pas à situer l'origine précise de cette idée si ce n'était un vague souvenir du catéchisme et de quelques paroles entendues chez ses grands-parents.

Ton âme et la mienne sont faites à la fois pour l'amour et pour être comblées de joie.[61] Mais tu te dis peut-être qu'il n'y a rien d'unique, de mystérieux, d'incroyable à ta naissance, à ta vie sur terre ; que « tu es destiné », non pas au ciel, au paradis — comme l'écrit Pascal — mais « à la terre qui s'ouvre jusqu'aux abîmes ». Et pourtant, s'il est vrai que nous sommes de la « lignée de Dieu », s'il est vrai que notre histoire prend ses racines en Dieu, en celui qui est source de l'Amour, de la Justice, de la Bonté, de la Beauté — source de tout ce qui peut remplir notre cœur de joie — cela ne changerait-il pas notre perspective sur le sens de notre vie ?

Comment expliquer cette frustration, cette tristesse qui pousse certaines personnes autour de toi à dire non à toute joie, voire à la vie ? Comment se fait-il que d'autres deviennent cyniques à propos de tout et ne croient plus en rien ? La réponse ne serait-elle pas liée au fait qu'ils sont destinés à autre chose que ce qu'ils vivent chaque jour ?

Ce que nous recherchons tous est l'amour venu du monde divin, en la personne de Jésus de Nazareth. Le chemin qu'il nous montre est celui de l'amour. La vérité dont il parle est celle de l'amour. La vie qu'il offre est une vie vécue dans l'amour.

Alors qu'il est à table dans la maison d'un chef religieux, une femme s'approche de Jésus en portant un vase plein d'un parfum coûteux.[62] Elle mouille ses pieds de ses larmes qu'elle essuie avec ses cheveux ; elle verse le parfum précieux sur ses pieds. L'hôte de Jésus est un homme religieux. Il est choqué par cette scène. Il ne comprend pas que Jésus puisse se laisser approcher ainsi, et se dit en lui-même : « Si cet homme était prophète, il saurait qui est celle qui le touche et de quel genre de femme il s'agit, il saurait que c'est une pécheresse. »

Mais Jésus connaît cette femme bien mieux que son hôte. Il sait quelle a été sa vie, mais il sait aussi ce qui se passe réellement dans son cœur. Il sait que cette femme l'aime. Mais cet amour n'est absolument pas de nature romantique, voire sexuelle (comme l'ont pensé certains cinéastes ou des auteurs modernes dans le film *La dernière tentation du Christ* ou le livre *Le Da Vinci code*).

D'où proviennent les larmes de cette femme dont l'hôte de Jésus dit qu'elle est une « pécheresse » ? Comment trouve-t-elle le courage de se rapprocher autant d'un homme et même d'un enseignant spirituel, dans une société dans laquelle hommes et femmes sont tenus bien à l'écart les uns des autres ? Ces larmes expriment ce qui s'est produit dans son cœur à la rencontre du Christ ; elles proviennent de quelque chose qui a bouleversé son existence. Ces larmes jaillissent non seulement de ses yeux mais surtout de son cœur ; ce sont des larmes de joie, d'amour et de reconnaissance pour cet être humain et divin qui connaît bien son cœur, sa vie. Dès qu'elle a croisé le regard de Jésus, dès qu'elle a entendu ses premières paroles, elle a su que cet homme était totalement pur de cœur et juste envers elle ; elle a su qu'il connaissait tout de sa vie, de ses peines et de ses sentiments.

Elle avait commis des péchés, mais Jésus n'était pas venu pour la mépriser ou simplement la juger : il était venu pour toucher profondément son cœur et lui donner la force intérieure lui permettant de retrouver le sens de sa valeur tout en l'aidant à surmonter les aléas de son existence et ses propres faiblesses. Elle verse des larmes de joie, de soulagement, de reconnaissance sur les pieds de celui qui ne la méprise pas, qui l'appel à un autre destin fait de respect et de dignité. Elle vient vers Jésus et peut enfin pleurer de tout son cœur ; elle a trouvé en elle-même une paix dont elle ignorait jusqu'alors l'existence. Elle pleure de joie et de reconnaissance car elle n'a sans doute jamais rencontré un tel amour, un amour capable de guérir le cœur blessé par l'existence et la dureté des gens.

Jésus n'est pas venu soigner les bien-portants mais les malades. Dans les Evangiles, ceux qui s'estiment très justes ou très religieux sont ceux qui rejettent l'appel de Jésus à une autre vie. Jésus connaît très bien les péchés de son hôte. Il comprend très bien et mieux que quiconque la société dans laquelle il vit et qui fait trop souvent penser que ce sont les femmes qui sont porteuses de péchés, en particulier ceux qui ont trait à la sexualité — raison pour laquelle aucun des accusateurs de la femme surprise en adultère ne pouvait « jeter la première pierre » (Jean 8).

L'hôte de Jésus ne comprend rien à ce qui se passe parce qu'il ne sait pas lui-même à quel point il a erré de l'idéal d'humanité qui aurait du être le sien. Jésus lui explique alors comment il a erré de cet idéal, en disant : « Tu vois cette femme ? Je suis entré dans ta maison et tu ne m'as pas donné d'eau pour me laver les pieds ; mais elle, elle les a mouillés de ses larmes et les a essuyés avec ses cheveux. Tu ne m'as pas donné de baiser ; mais elle, depuis que je suis entré, elle n'a pas cesse de m'embrasser les pieds. Tu n'as pas versé d'huile sur ma tête ; mais elle, elle a versé du parfum sur mes pieds. » Alors Jésus dit à son hôte : « Ses nombreux péchés ont été pardonnés puisqu'elle a beaucoup aimé. Mais celui à qui l'on pardonne peu aime peu. » Et il dit à la femme : « Tes péchés sont pardonnés. »[63]

L'amour seul permet d'admettre en toute honnêteté ce que nous sommes tout au fond de nous-mêmes. L'hôte de Jésus parle de cette femme comme étant une « pécheresse », mais il est lui aussi un pécheur ; la différence étant qu'il n'y a pas de place dans son cœur pour l'amour et donc pas de place pour le pardon.

Le respect pour autrui, la bonté, la fidélité, la pureté et la justice sont constitutifs du caractère de Dieu et de l'amour authentique. C'est de cet amour dont parle Jésus lorsqu'il répond à la question d'un autre chef religieux : « Quel est le premier de tous les commandements ? Jésus répondit : Voici le premier : 'Ecoute Israël, le Seigneur, notre Dieu, est l'unique Seigneur et tu aimeras le Seigneur, ton Dieu, de tout ton cœur, de toute ton âme, de toute ta pensée et de toute ta force.' Voici le deuxième : 'Tu aimeras ton prochain comme toi-même'. Il n'y a pas de commandement plus grand que ceux-là. »[64] A la question de savoir quel est le plus grand commandement Jésus répond par deux commandements : l'amour pour Dieu et l'amour pour le prochain. Ceux qui n'aiment pas le prochain ne peuvent pas aimer Dieu ; ceux qui prétendent aimer Dieu doivent aussi aimer le prochain

: « Celui qui n'aime pas n'a pas connu Dieu car Dieu est amour. » « Si quelqu'un dit 'j'aime Dieu' alors qu'il déteste son frère, c'est un menteur. En effet, si quelqu'un n'aime pas son frère qu'il voit, comment peut-il aimer Dieu qu'il ne voit pas ? »[65]

Que dire de celles et ceux qui comprennent l'importance de l'amour pour le prochain, tout en négligeant l'amour qui vient de Dieu ? Comment ne pas admirer ces êtres qui s'efforcent d'abreuver les autres sans avoir eux-mêmes une source où ils puissent s'altérer ? Au cours des années, voici ce que j'ai constaté chez ces êtres héroïques : ils finissent par s'épuiser.

Que penser de celles et ceux qui s'efforcent d'aimer le prochain mais qui ne s'aiment pas eux-mêmes — celles et ceux qui n'ont pas été attentifs à cette chronologie de l'amour qui doit être d'abord amour « pour soi »: « Tu aimeras ton prochain *comme toi-même* »? Je les comprends. En effet, comment peuvent-ils s'aimer eux-mêmes ceux qui, depuis l'enfance, n'ont pas reçu d'amour ? Comment ceux qui ont été maltraités par des parents ou par des proches peuvent-ils croire qu'ils aient une quelconque valeur ? Ou comment une femme battue, frappée, insultée par celui qui se dit son « mari » peut-elle s'aimer elle-même ? On pourrait multiplier les exemples qui montrent à quel point cette notion d'amour pour soi se heurte à toutes sortes d'obstacles difficiles à surmonter. Et puis, d'un autre côté, comment s'aimer soi-même quand on sait à quel point on a blessé, on a abîmé des vies humaines par nos actes ou par nos paroles?

C'est à travers le regard que Dieu porte sur nous que nous pouvons nous aimer nous-mêmes: "Mais voici comment Dieu nous montre l'amour qu'il a pour nous: alors que nous étions encore des pécheurs, le Christ est mort pour nous." (Romains 5.7, 8). « Bien-aimés, si Dieu nous a ainsi aimés, nous devons aussi nous aimer les uns les autres. »[66] En nous mettant à l'écoute du Christ, en ouvrant notre cœur à sa parole, nous ouvrons aussi notre cœur à son amour pour nous : « Celui qui a mes commandements et qui les garde, c'est celui qui m'aime ; celui qui m'aime sera aimé de mon Père et moi aussi je l'aimerai et je me ferai connaître à lui. » (Jean 14.21).

Il est curieux que Jésus puisse parler de l'amour comme d'un commandement. Peut-on commander une émotion, un sentiment ? Les sentiments sont semblables à la voile d'un navire. Cette voile est indispensable à la progression du navire. Mais dans la voile de l'émotion s'engouffrent tous les vents qui balaient notre existence. Le navire a besoin d'un pilote ; le pilote a besoin d'une carte. Il doit connaître sa destination finale et rester maître des vents afin d'arriver à bon port. Cette carte est l'enseignement que nous trouvons dans la Bible.

Il y a dans l'amour une dimension émotionnelle: la femme au parfum verse des larmes lorsqu'elle vient vers Jésus. Mais l'amour comporte des exigences ; il implique des actions concrètes qui découlent de ces exigences. Lorsqu'un professeur de loi demande à Jésus « Et qui est mon prochain ? », celui-ci raconte une histoire dans laquelle un Samaritain[67] croise « un homme » qui venait d'être roué de coups par des brigands (les habitants de Jérusalem et de la Judée n'avaient pas de rapports avec les habitants de la Samarie[68]).

Qui était cet homme roué de coups, laissé pour mort sur le chemin ? Etait-il un Juif, un prêtre, un proche du Samaritain? Nous ne le savons pas et cela n'a pas d'importance. A travers cette histoire Jésus nous pose les questions suivantes: « Qui est ton prochain ? Est-il uniquement celle ou celui avec qui tu es lié par le mariage ? S'agit-il simplement de celui qui fait partie de ta famille ? Ou bien s'agit-il de celui ou celle qui partage tes convictions religieuses? Ou bien de celui ou celle qui appartient au même milieu social que toi? »

Jésus demande au professeur de loi : « Lequel de ces trois te semble avoir été le prochain de celui qui était tombé au milieu des brigands ? » Ce dernier répond justement et dit : « C'est celui qui a agi avec bonté envers lui. » Ainsi, l'amour envers le prochain consiste à agir avec bonté envers le prochain. Aimer « le prochain » implique de notre part un certain comportement envers ce « prochain ». Cela signifie que nous ne pouvons pas parler d'amour sans aussi parler de ce qui est bien ou mal, de ce qui est juste ou injuste. Cela signifie qu'une société se disant neutre sur le plan du bien et du mal se condamnerait à éliminer la possibilité même de l'amour. Ceux qui ne comprennent pas la différence entre la bonté et la méchanceté ne comprendront pas la différence entre l'amour et l'absence d'amour, entre l'amour et la haine. Ils peuvent s'imaginer avoir de l'amour envers quelqu'un tout en infligeant les pires souffrances à celui-ci.

La tristesse qui règne trop souvent tout autour de nous n'a pas d'autre cause que cette absence d'amour — un amour comme celui dont parle Jésus : « D'où vient cette inaptitude au bonheur, à la confiance et à l'optimisme ? Si elle était liée aux conditions de vie, les immigrés installés dans l'Hexagone seraient, eux aussi, touchés par cette étrange maladie. Mais ce n'est pas le cas : selon l'économiste Claudia Senik, ils sont aussi heureux en France qu'ailleurs : '*Le malheur français n'est pas lié aux circonstances objectives, mais aux valeurs, aux croyances* et à la perception de la réalité qu'ont les Français. Il est le résultat d'un phénomène culturel lié à des représentations ou à des manières d'être qui se sont transmises de génération en génération, même si leurs causes ont disparu.' » (« Liberté, égalité, morosité », *Le Monde* 20/06/2013).[69]

Même la science montre que l'amour ou l'absence d'amour jouent un rôle crucial sur ce puissant neurotransmetteur qu'est la dopamine et donc sur notre état de santé.[70]

Jésus enseigne que là où est notre trésor là aussi est notre cœur : « Faites-vous des bourses qui ne s'usent point, un trésor inépuisable dans les cieux, où le voleur n'approche point, et où la teigne ne détruit point. Car là où est votre trésor, là aussi sera votre cœur. »[71] Les êtres qui nous entourent ont plus de valeur aux yeux de Dieu que l'argent et les bien matériels ou nos ambitions personnelles. Chacun d'entre nous possède une valeur qui ne peut être déterminée par l'argent. Si nous ne sommes pas constamment sur nos gardes à ce sujet, la quête de l'argent et des richesses ne pourra que nous rendre plus indifférents, voire violents, à l'égard d'autrui.

Si nous voulons que nos familles, nos communautés, nos concitoyens retrouvent la joie, si nous voulons bannir l'indifférence, c'est vers la question de l'amour que nous devons nous tourner.

Nous devons faire le choix de l'amour, mais d'un amour authentique. Ce choix pourra tout renouveler dans notre vie personnelle ou familiale, dans les rapports avec les individus qui nous entourent. Seul ce choix sera à même de nourrir le bonheur de vivre et la paix sociale.

CHAPITRE 6

Les choix du cœur

Ainsi, pendant toute ma jeunesse, j'ai eu cette montagne à conquérir. Elle fuyait devant mon pied comme une bête pourchassée ; elle se cachait sous les brumes, dans les nuages du ciel et dans les nuages de feuilles de la terre.

(Jean Giono)

Qui n'a pas rêvé d'atteindre le sommet d'une montagne ou d'avoir les moyens de restaurer de fond en comble une ancienne demeure, un château abandonné ? Qui n'a pas désiré revivre une amitié disparue, avoir une deuxième chance après un échec, revoir un pays, une région, un lieu riche en souvenirs ? Qui n'a pas songé qu'il serait extraordinaire de pouvoir « renaître » en ce monde et vivre autrement ?

Ces rêves d'ascension et de renouveau sont enfouis au fond du cœur de chacun d'entre nous. Et si en réalité nous étions destinés à monter toujours plus haut, à nous renouveler, à renouveler notre manière de voir et de comprendre la vie ? Si en fait nous étions destinés à ouvrir notre cœur à des vérités qui peuvent transformer notre personne et notre existence ? Jésus n'a-t-il pas dit que tout individu verra le royaume de Dieu s'il « naît de nouveau » (Jean 3.1-3) ? Cela signifie que notre naissance n'est que le prélude à une autre naissance, que le monde que nous découvrons dans l'enfance, puis au cours de notre vie, n'est que l'antichambre au monde spirituel, au monde d'amour et de paix auquel Dieu nous appelle. Et ce monde ne se trouve pas uniquement dans l'au-delà. Il se manifeste d'ores et déjà dans nos vies présentes et surtout dans nos relations avec les autres.

Lors de ma toute première conversation avec Richard Andrzjewski (Genève, juin 1970), je découvris un enseignement du Christ dont j'ignorais l'existence. Cet enseignement touche au cœur de la question du sens de notre existence ; il est une remise en cause radicale de l'ensemble des systèmes religieux ou philosophiques qui ont été bâtis au long des siècles.

Richard me fit découvrir la discussion entre Jésus et Nicodème, un docteur de la loi Israélite. On y apprend que notre naissance « physique » (visible) ne constitue qu'une étape vers une nouvelle naissance (invisible), plus significative, et qui est l'œuvre de l'Esprit de Dieu (Jean 3.1-5) : « Ce qui est né de parents humains est humain et ce qui est né de l'Esprit est Esprit. » L'Esprit de Dieu a le pouvoir de faire naître chacun d'entre nous à une autre dimension, celle du *Royaume de Dieu*, dimension invisible pour les yeux de la chair : « Le vent souffle où il veut et tu en entends le bruit, mais *tu ne sais pas d'où il vient, ni où il va.* » (On peut entendre le vent mais on ne peut le voir ; on peut entendre l'Esprit puisqu'il parle à travers Jésus, à travers l'Ecriture, mais on ne peut le voir.). Cette naissance dépend en partie de notre désir de nous mettre à l'écoute du Christ. En effet, l'aveuglement spirituel va de pair avec la surdité spirituelle : « Avez-vous encore le cœur endurci ? Vous avez des yeux et vous ne voyez pas ? *Vous avez des oreilles et vous n'entendez pas ?* » (Marc 8.18). Ainsi, Jésus souligne le rôle de sa parole et de l'écoute de cette parole dans le processus de la « nouvelle naissance » : « En vérité, en vérité, *je te le dis*, nous *disons* ce que *nous savons et nous rendons témoignage* de ce que nous avons vu, et *vous ne recevez pas notre témoignage. Si vous ne croyez pas q*uand je vous parle* des réalités terrestres, comment croirez-vous si je vous parle des réalités célestes ? » La foi dans le témoignage du Christ, dans sa *parole*, est l'élément clé qui peut produire cette « nouvelle naissance » ; ce que Jésus confirme en disant plus loin, et dans le même contexte : « En effet, Dieu a tant aimé le monde qu'il a donné son Fils unique afin que quiconque croit en lui ne périsse pas mais ait la vie éternelle. »[72]

Parfois on me dit que je ne suis pas assez « ouvert », qu'il me faudrait écouter les philosophes ou d'autres maîtres que Jésus. Mais Jésus dit à Nicodème : « Tu es l'enseignant d'Israël et tu ne sais pas cela ! » Il est en train de dire à cet enseignant de la loi qu'il doit recevoir *le témoignage du Fils de l'homme* (« Fils de l'homme » désigne le Messie[73]), en somme qu'il doit être ouvert à ce témoignage afin de pouvoir naître d'Esprit, naître dans le Royaume de Dieu. La question que je pose à ceux qui me parlent d'être « ouvert » est celle-ci : « Pourquoi es-tu fermé à ce que Jésus dit ? » En réalité ceux qui me parlent d'« ouverture » sont fermés à la parole du Christ, et souvent ils sont fermés à cette parole parce qu'elle se présente comme une vérité exclusive, que nul autre n'a pu ou ne pourra apporter : « Je suis le chemin, la vérité et la vie. Nul ne vient au Père que par moi. » (Jean 14.6). Aux yeux de ces gens, la plus grande faute du Christ consiste en cette « exclusivité ». Ils ne peuvent admettre l'affirmation de son autorité suprême, comme il l'annonce lui-même après sa résurrection d'entre les morts : « Toute autorité m'a été donnée, dans le ciel et sur la terre » (Matthieu 28.18). Certains y voient même de l'orgueil chez le Christ. Mais il s'agit en réalité de bien autre chose : l'autorité suprême de Jésus n'est pas le fait d'une position religieuse qu'il détiendrait, ou de titres qui lui reviendraient ; c'est l'affirmation centrale qu'il est, de toute manière, celui qui nous a créés. Tous ceux qui ont fondé des religions ou qui ont enseigné des principes de moralité étaient des individus créés par Dieu. Lui est éternel. Il n'a ni commencement, ni fin. Il est « l'image du Dieu invisible, le premier-né de toute la création. En effet, c'est en lui que tout a été créé dans le ciel et sur la terre, le visible et l'invisible, trônes, souverainetés, dominations, autorités. Tout a été créé par lui et pour lui ». (Colossiens 1.15, 16). Dieu dit : « Je suis l'Alpha et l'Oméga, dit le Seigneur Dieu, celui qui est, qui etait et qui vient, le Tout-Puissant. » (Apocalypse 1.8). Jésus ressuscité dit la même chose : « Je suis l'Alpha et l'Oméga, le premier et le dernier, le commencement et la fin. » (Apocalypse 22.13). L'alpha et l'oméga sont la première et la dernière lettre de l'alphabet grec ; tout comme Dieu lui-même, le Christ est la cause et la finalité de toutes choses.

La parole du « royaume de Dieu » est comparée à une semence placée dans le cœur et qui produit du bon fruit lorsqu'elle est reçue avec foi (Matthieu chapitre 13). Semée dans le cœur, cette parole a le pouvoir de faire naître chacun d'entre nous au royaume invisible de Dieu. En outre, le rôle de l'Esprit de Dieu prime dans l'impact que peut avoir cet enseignement car c'est lui qui produit la foi dans le cœur ; c'est l'Esprit qui convainc, qui conduit à une transformation intérieure à l'égard de Dieu.[74]

Mais je me posai une question : « Comment puis-je savoir que ma nouvelle naissance a bien eu lieu, qu'elle est désormais une réalité dans ma vie ? » Richard me montra que la réponse à cette question se trouve dans un autre élément mentionné par Jésus au cours de son entretien avec Nicodème : « En vérité, en vérité, je te le dis, à moins de *naître d'eau et d'Esprit*, on ne peut entrer dans le royaume de Dieu. » Ces paroles correspondent aux instructions que Jésus donne concernant le baptême.[75] « Jésus, s'étant approché, leur parla ainsi: Tout pouvoir m'a été donné dans le ciel et sur la terre. Allez, faites de toutes les nations des disciples, les baptisant au nom du Père, du Fils et du Saint-Esprit, et enseignez-leur à observer tout ce que je vous ai prescrit. Et voici, je suis avec vous tous les jours, jusqu'à la fin du monde. »[76]

Richard fut le premier à m'éclairer sur l'importance de la « nouvelle naissance ». Pour qu'il y ait « immersion » (baptême) dans la mort et la résurrection de Jésus, union à cette mort et cette résurrection, il faut qu'il y ait la foi, la confiance en sa parole, en son message de pardon et de réconciliation avec Dieu. Lorsque je crus aux paroles de Jésus et que je fus « enseveli » dans les eaux du baptême (le verbe *baptiser* signifie, en grec, plonger, immerger)[77] en obéissance à ses instructions, je sus que j'étais entré dans une autre dimension de l'existence. Cette dimension est décrite dans la Bible comme une « nouveauté de vie », une nouvelle sorte d'existence : « Ignorez-vous que nous tous qui avons été baptisés en Jésus-Christ, c'est en sa mort que nous avons été baptisés? Nous avons donc été ensevelis avec lui par le baptême en sa mort, afin que, comme Christ est ressuscité des morts par la gloire du Père, de même nous aussi nous marchions en *nouveauté de vie*. »[78] J'étais donc mort, puis ressuscité en Jésus-Christ. J'étais entré dans une nouvelle vie ! Cette nouvelle vie placée sous le pardon de Dieu était aussi représentée par le vêtement blanc que j'avais choisi de porter au moment de ce baptême.

Cela signifiait-il que mon passé — ce qui était déjà ancien dans ma vie — avait été inutile ? Je ne le pense pas. A travers ce passé je pouvais mieux comprendre l'action de Dieu dans ma vie et dans la vie de mes proches ; je pouvais mieux apprécier mon existence présente et entrevoir mon avenir.

Toi et moi nous ressemblons à des vases façonnés par les

mains d'un potier qui est Dieu : « Je suis descendu à la maison du potier et j'ai vu qu'il façonnait un objet sur un tour, mais le vase d'argile qu'il façonnait ne donnait rien dans sa main. Alors, il a recommencé un autre vase en le faisant comme il lui plaisait. » Dieu nous façonne. Ce qu'il dit et comment nous réagissons à ce qu'il dit jouent un rôle primordial dans ce processus. A cet égard, nous sommes différents de l'argile qui est passive ; nous avons la capacité de choisir d'écouter ou de ne pas écouter. Entre moi-même et « le potier » doit exister une relation d'amour et de confiance ; c'est cette relation qui change tout.

Notre histoire, notre vie, ne nous paraît pas toujours aller dans le sens d'un changement positif vers le bien. Pourtant, la main qui nous façonne nous aime tels que nous sommes ; elle est tendue vers nous pour renouveler en nous son image. Celles et ceux qui sont en train d'être façonnés, d'être renouvelés, sont des gens imparfaits, remplis de faiblesses, mortels. Mais ils reconnaissent ce fait. Ils acceptent d'être changés et transformés par la main du potier.

Parfois, nous nous fatiguons. Mais le potier qui nous façonne, lui ne se fatigue pas ; il a le pouvoir de nous renouveler jour après jour. Celui qui a créé les extrémités de la terre et qui maintient la vie sur terre « ne se fatigue pas, ne s'épuise pas. Son intelligence est impénétrable ». (Esaïe 40.27). Il renouvellera ta force et tes ressources si tu lui ouvres ton cœur : « Il donne de la force à celui qui est fatigué et il multiplie les ressources de celui qui est à bout. Les adolescents se fatiguent et s'épuisent, les jeunes gens se mettent à trébucher, mais ceux qui comptent sur l'Eternel renouvellent leur force. Ils prennent leur envol comme les aigles. Ils courent sans s'épuiser. Ils marchent sans se fatiguer. »[80]

Nous avons tous besoin de Dieu. Dans son livre *Les mots* Jean-Paul Sartre, le philosophe athée, explique qu'il avait lui aussi besoin de Dieu : « Je viens de raconter l'histoire d'une vocation manquée : j'avais besoin de Dieu, on me le donna, je le reçus sans comprendre que je le cherchais. Faute de prendre racine en mon cœur, il a végété en moi quelque temps, puis il est mort. » Le philosophe raconte qu'un jour au cours de sa jeunesse il avait joué avec des allumettes et brûlé un tapis : « J'étais en train de maquiller mon forfait quand soudain Dieu me vit, je sentis Son regard à l'intérieur de ma tête et sur mes mains ; je tournoyai dans la salle de bains, horriblement visible, une cible vivante. L'indignation me sauva : je me mis en fureur contre une indiscrétion si grossière, je blasphémai, je murmurai comme mon grand-père (...) Il ne me regarda plus jamais. »[81]

C'est vrai que Dieu te voit, qu'il te regarde. Il connaît le fond de ton cœur ; il connaît tes pensées. Mais son regard n'est pas celui d'un grand-père humain à barbe blanche et agacé. C'est le regard de Jésus, de celui qui tout en étant la Parole à l'origine du monde, tout en étant le créateur de l'univers, reste humble et doux de cœur et nous appelle en disant : « Venez à moi, vous tous qui êtes fatigués et courbés sous un fardeau, et je vous donnerai du repos. Acceptez mes exigences et laissez-vous instruire par moi, car je suis doux et humble de cœur, et vous trouverez le repos pour votre âme. En effet, mes exigences sont bonnes et mon fardeau léger. »[82] Il nous invite à venir à lui, à le suivre, à accepter ses exigences et à nous laisser instruire par lui. C'est une invitation, un appel. La question est de savoir si nous sommes ouverts à cette invitation. Et si nous ne le sommes pas, la question est de savoir pourquoi.

Jésus fit un jour la rencontre d'un homme paralysé. Sachant qu'il était paralysé depuis trente-huit années, il lui dit : « Veux-tu être guéri ? » Jésus faisait appel à la volonté du paralysé (Veux-tu ?). Il semblerait que ce malade n'était pas tout-à-fait certain qu'il voulait recevoir la guérison. Ce récit est peut-être là pour souligner quelque chose dont on ne tient pas toujours suffisamment compte : chacun d'entre nous a la capacité de choisir. Personne ne peut nous imposer de croire et personne ne peut nous imposer de douter. Le doute ou la foi sont des choix que nous devons faire.

Quelles sont les raisons qui nous pousseraient à rejeter le témoignage de Jésus ? Certaines expériences de notre vie ? Notre environnement familial ? Un passé religieux désagréable ? Serait-ce parce que nous n'apprécions pas le comportement de celles et ceux qui se disent croyants ou qui vont à l'église ? Ou bien, l'idée qu'il y aurait des règles de morale à respecter dans la vie nous serait-elle répugnante ? Notre choix de ne pas croire viendrait-il de la crainte de perdre le respect de nos proches ou de nos amis ? Viendrait-il du constat qu'il y a beaucoup de souffrances en ce monde ?

Lorsqu'un témoin se présente à la justice, les gens qui l'entendent doivent faire le choix de croire ou de ne pas croire ce témoin. La foi en Jésus est fondamentalement la *confiance* en sa personne, en sa parole, en son témoignage. C'est pour cela que les écrits bibliques nous disent que la foi « vient de ce qu'on entend et ce qu'on entend vient de la Parole de Dieu ».[83]

Mais en dehors des témoignages du Nouveau Testament, Jésus est-il mentionné par des auteurs ou des historiens de son époque ? Tout d'abord, il serait surprenant que des historiens du temps de Jésus le mentionnent, puisqu'il n'était alors ni un personnage important, ni une personnalité politique. Cependant, il existe bel et bien des témoignages historiques à la vie de Jésus qui datent de son époque. La première catégorie de témoins est celle des adversaires du christianisme qui faisaient partie de l'élite romaine à la fin du premier siècle de notre ère. Tacite (qui vécut de 56 à 117 après J.-C) occupa des postes importants sous plusieurs empereurs romains et mentionne le Christ dans ses *Annales*. En parlant de l'incendie de Rome sous Néron, Tacite mentionne le christianisme, dangereux à ses yeux, et son fondateur qu'il appelle *Le Christ*, exécuté par le gouverneur Pilate sous l'empereur Tibère. Un autre adversaire du christianisme, l'historien romain

Suétone, auteur de la *Vie des douze Césars* (écrit vers 120 après J.-C.) parle aussi des chrétiens et de leur fondateur Christ. Pline le Jeune (61 à 115 après J.-C.) écrit à l'empereur Trajan et fait mention des chrétiens qu'il condamne lui-même à mort ; dans cette lettre il parle aussi du Christ comme ayant été le fondateur du christianisme. Celse, philosophe romain du IIe siècle, est l'auteur d'un ouvrage intitulé *Discours véritable*, rédigé vers 178, dans lequel il attaque le christianisme naissant par les armes du ridicule. Tous ces adversaires du christianisme reconnaissent l'existence historique de Jésus.

Flavius Josèphe, un historien romain d'origine juive, écrivit l'*Histoire ancienne des Juifs* dans laquelle il fait mention de Jésus (au chapitre 18 de cet ouvrage) en ces mots : « Vers cette époque apparut Jésus, un homme sage, si tant est qu'il est juste de l'appeler l'homme, car il était un travailleur d'actes étonnants (…) Et quand Pilate, à la dénonciation de ceux qui sont avant tout parmi nous, l'avait condamné à la croix, ceux qui l'avaient d'abord aimé ne l'abandonnèrent pas car il leur apparut vivant à nouveau le troisième jour, les saints prophètes ayant prédit cela et d'innombrables autres merveilles à son sujet. La tribu des chrétiens qui porte son nom n'a pas cessé à ce jour. » On peut aussi mentionner le *Talmud*, ensemble des traditions juives compilées vers 300 après J.-C. et qui fait mention de Jésus comme d'un personnage historique.

Dans les années cinquante l'écrivain français Albert Camus passa près d'une année à discuter avec le Dr. Howard Mumma, pasteur méthodiste de l'Eglise américaine à Paris. Ces discussions sont rapportées dans le récit qu'en a laissé Mumma dans son ouvrage *Albert Camus and the Minister* (Paraclete Press, Massachussetts 2000). L'une des questions que l'écrivain français posa au pasteur américain fut celle-ci : « Dis moi, Howard, est-ce que la Bible apporte un éclairage sur les problèmes du monde actuel ? » Mumma répondit par ces mots :

« La Bible dit que nous sommes membres les uns des autres et que si un membre souffre, les autres membres souffrent aussi. Je pense que cet enseignement biblique nous apprend que les nations ne devraient jamais s'engager dans des actes qui sont économiquement ou financièrement au détriment d'autrui, même si ces actes leur procurent un gain.

— Comme cela est vrai ! répondit Camus. »[84]

Camus ne prend jamais de haut son interlocuteur ou le texte biblique. Il ne donne jamais l'impression que le texte biblique oblige le lecteur à sacrifier son intelligence ou sa réflexion personnelle.

Si tu doutes, poses-toi une question : « D'où viennent mes doutes ? Pourquoi dois-je rejeter d'office ce que Jésus dit de lui-même ? » Jésus a dit : « Je suis la lumière du monde ». Il dit, au moment de la résurrection de Lazare : « Je suis la résurrection et la vie ». A ses disciples, il dit une autre fois : « Je suis le chemin, la vérité et la vie ». Que pouvons-nous dire de quelqu'un qui affirme qu'il est la lumière du monde, qu'il est même la résurrection et la vie, qu'il est le chemin, la vérité et la vie ? Existe-t-il dans toute l'humanité un seul être humain qui ait parlé de cette manière ? Je pense que personne n'a jamais osé parler de cette manière tout simplement parce que cela ne correspondait pas à la vérité. Jésus parle ainsi de lui-même car c'est ce qu'il est. Pourquoi voulons-nous qu'il mente, lui qui ne faisait que du bien autour de lui ?

Les premiers disciples de Jésus, ses apôtres, ont laissé des témoignages étonnants sur sa vie ; ils ont donné beaucoup d'enseignements sur toutes sortes de sujets importants et utiles pour la vie de chaque jour : comment vivre sans nous diviser ; comment faire pour parler d'une manière qui fasse du bien aux autres ; comment garder l'espoir face aux défis de l'existence. L'ensemble de ces écrits qu'on appelle le Nouveau Testament sont la source et l'unique autorité auxquelles nous devons toujours revenir pour comprendre comment nous devons vivre.

Les nouvelles que nous annoncent quotidiennement l'ensemble des médias sont, pour la plupart, affligeantes. Elles confirment ce que disait Jérémie : l'homme qui met sa confiance dans ce qui est humain, qui prend des créatures pour appui, qui détourne son cœur de l'Eternel « ne voit rien venir de bon ».[85] Se peut-il que le doute provienne de nos expériences, de nos peines, qui ne nous permettent plus d'entendre ou de croire en une bonne nouvelle ? Se peut-il que notre propre cœur ait besoin de changer ? Qu'il doive s'ouvrir à la Parole de Dieu ?

Le prophète Jérémie priait en disant : « Guéris-moi, Eternel et je serai guéri ! Sauve-moi et je serai sauvé, car tu es le sujet de ma louange. »[86] Nous devons être libérés du mal, affranchis de ce qui s'oppose au bien. Nous devons retrouver un fondement sur lequel nous puissions fonder notre existence. C'est cette « liberté » que nous offre Jésus lorsqu'il dit : « Si vous demeurez dans ma parole, vous êtes vraiment mes disciples, vous connaîtrez la vérité, et la vérité vous rendra libres. » (Jean 8.32).

La conviction de l'amour de Dieu est la source de la liberté à laquelle Jésus nous invite. Dieu nous aime tendrement comme une mère aime ses enfants : « Tout comme un homme est consolé par sa mère, je vous consolerai moi-même. » « Une femme oublie-t-elle l'enfant qu'elle allaite ? N'a-t-elle pas compassion du fils qui est sorti de son ventre ? Même si elle l'oubliait, moi je ne vous oublierai jamais. »[87] Le Créateur de toutes choses connaît chacun de nous mieux que quiconque. Il aime tout ce qui nous concerne et nous invite à partager sa joie et son rayonnement. La vie éternelle et la liberté consistent à connaître Dieu de cette manière : « Après avoir ainsi parlé, Jésus leva les yeux au ciel, et dit: Père, l'heure est venue! Glorifie ton Fils, afin que ton Fils te glorifie, selon que tu lui as donné pouvoir sur toute chair, afin qu'il accorde la vie éternelle à tous ceux que tu lui as donnés. Or, la vie éternelle, c'est qu'ils te connaissent, toi, le seul vrai Dieu, et celui que tu as envoyé, Jésus-Christ. »[88]

Celui qui a fait l'oxygène et l'air que nous respirons ainsi que l'eau que nous buvons, nous invite à marcher avec lui, tout comme nos premiers parents marchaient avec lui dans le jardin en Eden. Il connaît notre psychologie, ce que nous désirons, ce que nous ressentons. C'est aussi son calme et son repos qu'il nous offre : « Car ainsi a parlé le Seigneur, l'Eternel, le Saint d'Israël: C'est dans la tranquillité et le repos que sera votre salut. C'est dans le calme et la confiance que sera votre force. » (Esaïe 30.15).

CHAPITRE 7

Le cœur et la liberté

« Il est interdit d'interdire ! »
(Slogan de mai 68)

Accueilli par une tante au grand cœur, je vécus un temps à Paris, rue de la Harpe dans le Quartier latin. Quelques années auparavant, cette tante m'avait déjà reçue chez elle dans son petit appartement de Boulogne Billancourt alors qu'elle et son mari élevaient trois enfants plus jeunes que moi.

J'avais 19 ans. Je ne voulais plus du monde dans lequel je vivais. J'avais plus ou moins accepté comme justifiée cette idée qu'on peut être dégoûté par son prochain. Je finis par croire que je détestais moi aussi les bourgeois, ces gens qui avaient hérité des biens, qui avaient de « bonnes situations » (comme on disait alors) ou qui vivaient dans de beaux appartements parisiens. Il me semblait alors que nous étions tous des esclaves de la société de consommation. Pourtant, moi aussi je consommais. Avoir les cheveux longs me paraissait alors la marque évidente d'un individu libre, pour lequel il est « interdit d'interdire ». J'en étais venu à croire qu'on allait tout changer, même l'idée qu'un enfant a besoin d'un père et d'une mère. Je trouvais absurde l'idée de la « famille » traditionnelle. J'avais oublié la bonté de mes « parents » d'Amérique. Je reconnaissais à peine la tendresse et la générosité de ceux qui m'accueillaient. On s'occupait de moi, mais j'étais devenu ingrat. Que m'était-il arrivé ? Je compris plus tard que la critique de la société, la critique des autres, nous rend souvent incapables de nous critiquer nous-mêmes : « De toutes les menaces qui pèsent sur nous, la plus redoutable, nous le savons, la seule réelle, c'est nous-mêmes." (René Girard)[89]

Je vécus les événements de mai 68 comme une période étrange de mon existence. Je me souviens de l'irritation de Jean-Louis Barrault, directeur du théâtre de l'Odéon, lorsque les apprentis comédiens que nous étions avons décidé d'« occuper » le célèbre théâtre parisien. Il y avait quelque chose d'étrange à entrer de force dans ce lieu de culture et de réflexion, tout en criant à tue-tête notre frustration et notre soif de liberté et de respect. Je sais bien qu'on avait décidé d'en faire un lieu d'échange, de dialogue ; qu'on ne voulait pas d'un théâtre « bourgeois ». Pourtant, je dois admettre que ce ne fut qu'une fois dans le théâtre que je me suis réellement demandé quel pouvait être l'avantage réel d'une telle action. L'Odéon resta occupé pendant environ un mois par le comité qui l'avait investi, puis Barrault cessa d'en être le directeur.[90]

Depuis la Révolution française, nous sommes habitués à ce que l'Etat promette aux citoyens *la liberté, l'égalité et la fraternité.*

Mais l'Etat peut-il réellement procurer ces choses qui sont liées avant tout à la qualité de nos relations avec les autres ? En réalité, il faut admettre les limites de l'Etat quand il s'agit de bien comprendre ces thèmes dans la perspective de l'enseignement biblique et de la parole du Christ et même dans celle de l'histoire de l'humanité. La liberté dont parle le Christ dépend avant tout de notre capacité personnelle à être libres du mal qui nous asservit jour après jour ; elle dépend de l'état du cœur, d'où jaillissent « les sources de la vie » (Proverbes 4.23). Or, nos politiciens et nos législateurs ne peuvent garantir cette liberté ou même le bonheur car ils n'ont pas fondamentalement le pouvoir de changer le cœur humain. Ce pouvoir dépend de l'action de Dieu et de son Esprit dans nos vies, ainsi que de nos choix personnels.

En déclarant la liberté de conscience comme droit inaliénable de l'être humain, les auteurs de la Constitution américaine voulaient abolir, une fois pour toutes, une certaine tyrannie religieuse qui avait pu sévir en Europe. Ce pari fut réussi aux Etats-Unis après quelques tentatives avortées pour établir une église d'Etat qui contrôlerait toutes les autres confessions religieuses. Pourtant, cela ne signifie pas que les citoyens américains ont toujours été libres et heureux comme le voudraient les texte fondateurs de la société américaine.

De bons principes ne suffisent pas pour changer le cœur humain, même s'ils sont ancrés dans la Bible. Pourtant, le fait de reconnaître l'origine de ces principes est un point de départ important. Combien de fois n'ai-je pas entendu quelqu'un me dire qu'il n'importe pas de lire la Bible ou de connaître les enseignements de Jésus ; ce qui compte est que nous ne fassions pas de mal au prochain, que nous traitions les autres avec respect. On me dit qu'il est important de donner à manger à celui qui a faim, de soutenir celui qui se trouve dans la difficulté ; on me dit aussi : « Je ne je tue pas, je ne mens pas, je suis fidèle à ma femme... qu'ai-je besoin des enseignements bibliques ? » Mais d'où sont venus les principes dont ces gens font mention — ne pas faire de mal, respecter autrui, aider le prochain dans les difficultés ? Ont-ils leur origine dans la Grèce antique ou l'Empire romain ? Non. Ont-ils leur origine dans les philosophies modernes ? Non. En fait, ces principes ont été introduits en ce monde par Dieu qui nous parle dans la Bible ; d'abord par les prophètes de l'Ancien Testament, puis par Jésus-Christ.

Connaissez-vous des gens qui d'emblée rejettent la Bible ou la foi chrétienne mais qui sont en train de vivre selon les principes enseignés dans la Bible et par le Christ ? J'en rencontre pratiquement tous les jours ! Cela signifie que dans notre monde occidental l'héritage chrétien est toujours inscrit dans le comportement de certains, même chez celles et ceux qui ont cessé de croire. C'est comme s'ils continuaient à s'abreuver aux eaux d'une source tout en ayant perdu de vue où se trouve cette source ou même si elle existe. Ils s'appuient sur un fondement moral et spirituel établi par le Christ, tout en oubliant celui qui fut à l'origine de ce fondement. Cet oubli de nos racines morales est-il sans conséquences ? En oubliant nos racines bibliques et chrétiennes, nous ne pouvons que cesser progressivement d'en produire les fruits. Le Christ dit : « Demeurez en moi et je demeurerai en vous. Le sarment ne peut pas porter de fruit par lui-même, sans rester attaché au cep ; il en va de même pour vous si vous ne demeurez pas en moi. »[91]

Certains parlent volontiers des *valeurs de la République* tout en faisant preuve d'un antichristianisme militant. Ce faisant, ils coupent la branche sur laquelle ils sont assis ; ils cherchent à se débarrasser de la branche sur laquelle ces valeurs « républicaines » ont été greffées à l'origine. En effet, sans les principes énoncés par Jésus dans l'Evangile, aucune des valeurs qui constituent le socle de notre civilisation ne peut perdurer ; le résultat d'un abandon de ces principes sera l'anarchie, l'exploitation des faibles, l'inimitié, la multiplication des conflits plutôt que *la lib-*

erté, l'égalité et la fraternité.

Cela signifie-t-il qu'il serait préférable de vivre sous une monarchie ou dans une théocratie (une théocratie serait une forme de gouvernement qui obligerait tout le monde à croire et pratiquer une religion) ? La réponse est « non » car tout d'abord Jésus n'est pas venu pour imposer une théocratie ou un système politico-religieux, lui qui dit : « Mon royaume n'est pas de ce monde » (Jean 18.36). En outre, une théocratie constituerait un recul et non une forme de progrès pour la France d'aujourd'hui.

La France est un pays laïc. Mais pour que nous puissions saisir l'importance ainsi que les limites de la *laïcité*, il importe que nous comprenions les origines de cette notion qui vient de réflexions très anciennes remontant jusqu'aux textes bibliques eux-mêmes. La Réforme protestante du 16ᵉ siècle a repris à son compte cette notion biblique de « peuple » (du mot grec *laos* qui signifie peuple) de Dieu qui signifie que tout le peuple de Dieu est laïc, qu'on y trouve pas, à proprement parler, de clergé car chaque chrétien est appelé au sacerdoce.[92] Cela provient du fait que la volonté du Christ c'est qu'il n'y ait pas de médiateurs (de prêtres) entre les croyants et Dieu, Christ étant lui-même ce médiateur (1 Timothée 2.5). Par contre, la notion de prêtrise est étendue à tous les croyants qui ont désormais un accès direct à Dieu à travers Jésus-Christ (1 Pierre 2.9).

Au 16ᵉ siècle, on trouve une poignée de penseurs protestants et catholiques qui ne veulent plus d'une monarchie de droit divin pour la France. Ainsi, Michel de l'Hospital (1504-1573) milite pour la liberté de conscience et propose qu'on se débarrasse de la notion d'une religion d'Etat — une religion sous l'autorité des clercs et du roi. Quant aux différents partis qui se réclament du Christ, il les encourage à abandonner les noms qui les divisent en factions opposées et à ne conserver que le nom de « chrétiens » : « Ôtons ces mots diaboliques, noms de partis, factions et séditions, luthériens, huguenots, papistes, ne changeons le nom de chrétiens ! » (Michel de l'Hospital, *Discours de Tolérance*, Etats Généraux d'Orléans, le 13 décembre 1560).[93]

Sa pensée se rapproche de celle de Thomas Jefferson en Amérique, lequel propose en 1777 la *Virginia Act* qui abolit la notion d'église d'Etat comme elle existait en Angleterre, pour établir celle de *liberté de culte et de conscience* (cet acte ne fut officiellement voté qu'en 1786 par James Madison). Michel de l'Hospital, ainsi que Thomas Jefferson, ont puisé leurs idées dans les textes de l'Ancien Testament et dans l'enseignement du Christ. En effet, l'Ancien Testament distingue trois pouvoirs séparés : celui des rois, issus de la tribu de Judah ; celui des prêtres, issus de la tribu de Lévi ; et celui des prophètes. La loi de Moïse ne permettait pas la collusion entre ces pouvoirs. C'est d'abord dans le livre du Deutéronome (rédigé sous la direction de Moïse, 1450 années avant J.-C.) qu'on trouve pour la première fois dans l'histoire humaine cette notion d'une séparation des pouvoirs : « Le Deutéronome présente le modèle implicite d'une Constitution qu'on ne retrouve nulle part ailleurs dans l'histoire du droit. Ce livre présente les deux piliers d'un gouvernement constitutionnel : 1) La séparation des pouvoirs entre sphères indépendantes d'autorité ; 2) La subordination de chaque sphère du pouvoir au texte de la Loi. » (Bernard M. Levinson).[94]

En outre, la notion d'une distinction entre le devoir envers Dieu d'une part et le devoir envers l'Etat d'autre part, a son origine dans les paroles du Christ qui répondent la question-piège des pharisiens à propos du paiement des impôts à Rome. « Mais Jésus, connaissant leur méchanceté, répondit : 'Pourquoi me tendez-vous un piège, hypocrites ? Montrez-moi la monnaie avec laquelle on paie l'impôt.' Ils lui présentèrent une pièce de monnaie. Il leur demanda : 'De qui porte-t-elle l'effigie et l'inscription ?' 'De l'empereur', lui répondirent-ils. Alors il leur dit : '*Rendez donc à l'empereur ce qui est à l'empereur et à Dieu ce qui est à Dieu.*' » (Matthieu 22.18-21).

Ainsi, les premiers chrétiens devaient respecter l'autorité de l'empereur et devaient payer leurs impôts ; ils devaient rendre à l'empereur ce qui est à l'empereur (Romains 13.1-7). Mais lorsque l'Empire romain exigea qu'ils renient leur foi en Jésus, lorsque cet Empire leur interdit de se réunir ou de rendre un culte à Dieu, lorsqu'ils furent sommés de cesser de prêcher Jésus publiquement, les chrétiens durent faire un choix entre les autorités politiques et le Christ (Actes 4.19, 20).

La *laïcité* de l'Etat consiste à adopter une position religieuse neutre. Cette neutralité est d'un grand avantage pour le christianisme et les autres religions pratiquées en France. Pourtant, elle ne peut à elle seule garantir la liberté ou la paix sociales car l'Etat ne représente qu'un aspect de la vie en société. Celui-ci ne peut se substituer aux autres dimensions ou structures de la vie humaine et sociale, telles que la moralité, la vie familiale, l'expression religieuse. La neutralité de l'Etat ne peut pas signifier pour les citoyens une absence de principes ou d'un code moral ; elle n'équivaut pas à une incapacité de juger moralement de comportements qui pourraient nuire à la vie sociale.

Un abandon de la part de l'Etat ou de ses représentants de tout principe moral ou de toute valeur ayant son origine dans la foi chrétienne signifierait que l'Etat deviendrait lui-même le terreau de l'anarchie. C'est ce qu'exprimait George Washington, le premier président américain, lors de son discours d'adieu (*Farewell address*) du 17 septembre, 1796 et où il affirme que « les piliers indispensables à la prospérité d'un peuple sont la moralité et la religion » et que « la moralité nationale ne peut se maintenir si l'on en exclut la religion (chrétienne) ».[95]

La *laïcité* signifie-t-elle que l'Etat ou ses représentants doivent combattre à tout prix la notion d'une norme transcendante du bien et du mal ? Non, ce n'est pas là une responsabilité de l'Etat. D'ailleurs, lorsque les gens rejettent une vérité qui les transcende, ils sont alors condamnés à cette tyrannie décrite par Philippe

Bénéton comme « l'apothéose du subjectivisme » : un totalitarisme de la pensée qui « abolit l'idée de l'objectivité des choses » et qui « doit extirper du cerveau des hommes la conscience de la vérité objective ». Dans son livre *1984*, George Orwell décrit ce totalitarisme de la pensée en faisant dire au tortionnaire O'Brien que : « rien n'existe que par la conscience humaine... la réalité est à l'intérieur du crâne... Vous vous imaginez qu'il y a quelque chose qui s'appelle la nature humaine qui sera outragé par ce que nous faisons et qui se retournera contre nous. Mais nous créons la nature humaine ! »[96] Bénéton illustre son propos en prenant l'exemple de l'ancien système soviétique : « le Parti se contredisait tout en prétendant toujours avoir la position juste. Pourquoi ? Parce que le Parti a décrété qu'il représentait le bien et donc qu'il ne peut jamais se tromper... »[97]

La *laïcité* est une bonne chose car le christianisme y perdra toujours à vouloir exister par la contrainte. Il est d'ailleurs impossible d'imposer la foi qui reste, par définition, l'expression d'une décision personnelle. Le christianisme authentique ne peut jamais ressembler à une « théocratie » car son existence même repose sur quelque chose qui lui est essentiel et qui est le *libre arbitre* : cette liberté donnée par Dieu aux êtres humains de l'écouter ou de ne pas l'écouter, de l'aimer ou de ne pas l'aimer (cette notion de libre arbitre est établie par Dieu dès les trois premiers chapitres de la Bible, en Genèse chapitres 2 et 3).

Les tenants de la *laïcité* ont raison d'insister sur le maintien d'une séparation entre le pouvoir politique et la foi des individus. Les juifs, les musulmans, les chrétiens et même les athées de France devraient être reconnaissants de vivre dans un pays dans lequel il y a une véritable séparation entre l'Etat, le pouvoir politique, et les églises, les communautés de croyants.

Selon la Bible (Romains 13), l'Etat a la responsabilité de protéger la vie et la sécurité des individus et doit faire preuve de toute son autorité pour prévenir et interdire les expressions de haine ou de violence à l'égard d'autrui. Comme le disait Sébastien Castellion à propos des guerres de religion en Europe (1515-1563) : « Tuer un homme ce n'est pas défendre une doctrine, c'est commettre un crime. » Le retour à toute forme de « théocratie » ne ferait que reproduire les conflits religieux d'un autre temps.

Certains anthropologues parlent actuellement d'un état de « post-civilisation » qui s'installe en Occident — état caractérisé par l'extension d'un comportement dénué de tout fondement moral ou spirituel et qui ne tient aucunement compte du respect d'autrui ou du bien d'autrui.[98] Or, un tel comportement n'est pas nouveau. On peut le résumer par une phrase du livre des Juges dans l'Ancien Testament : « Chacun faisait ce qui lui semblait bon. » (Juges 21.23).

D'où pourrait provenir un tel comportement ? Comment en est-on arrivé là ? Bien souvent, c'est le fruit d'une laïcité mal comprise. Suite à l'avènement des « Lumières », ces philosophes du XVIIIe siècle, certains ont vu la *laïcité* comme une laïcisation radicale de la pensée qui consisterait à faire « table rase » du christianisme dans la sphère publique et notamment dans la sphère de l'éducation (cette expression est de l'historien Jean Baubérot).[99]

D'une manière générale l'ignorance de la Bible n'est pas considérée par les élites intellectuelles comme ayant une incidence sur le comportement. Pourtant, le texte biblique témoigne abondamment que c'est à ce niveau que se situe toute dégradation morale ou spirituelle d'un peuple : « Mon peuple est détruit parce qu'il lui manque la connaissance. » (Osée 4.6, Cf. Deutéronome 6.10-12). Dans son éditorial du 29 avril, 2008 le quotidien La Croix concluait son enquête sur la lecture de la Bible en France existe une « ignorance massive de la Bible » dans notre pays. On peut aujourd'hui recevoir en France des diplômes littéraires ou de philosophie dans l'université d'Etat sans qu'il soit requis une connaissance élémentaire des textes fondateurs de la civilisation judéo-chrétienne. Il s'agit-là d'une « amnésie » collective et voulue de tout un pan de la culture européenne et qui ne peut avoir que des conséquences négatives.

Prenons un exemple. Jésus parlant du meurtre, dit explicitement : « Vous avez appris 'Tu ne commettras pas de meurtre ; celui qui commet un meurtre mérite de passer en jugement.' Mais moi je vous dis : Tout homme qui se met en colère contre son frère mérite de passer en jugement ; celui qui traite son frère d'imbécile mérite d'être puni par le tribunal. » (Matthieu 5.21, 22). Serait-il une bonne chose, oui ou non, d'enseigner ce principe biblique aux jeunes ? Serait-il utile de rappeler aux jeunes les commandement du décalogue, tels que : « Tu ne commettras pas de meurtre », « Honore ton père et ta mère afin de vivre longtemps dans le pays que l'Eternel, ton Dieu, te donne » « Tu ne commettras pas de vol » « Tu ne convoiteras pas la maison de ton prochain ; tu ne convoiteras pas la femme de ton prochain, ni son esclave, ni sa servante, ni son bœuf, ni son âne, ni quoi que ce soit qui lui appartienne » (Exode 20.12, 13) ? On trouvera toujours certains intellectuels et dirigeants politiques qui restent farouchement favorables à l'anarchie quand il s'agit de morale (sauf, peut-être, quand cette anarchie les touche d'un peu trop près !). D'autres diront qu'on peut toujours enseigner aux jeunes de ne pas se maltraiter les uns les autres, de ne pas commettre de meurtres, d'honorer leurs parents, sans qu'il soit nécessaire de se référer à l'autorité du Christ ou de la Bible. Mais les jeunes peuvent se demander d'où proviennent de tels principes. Ont-ils leur source dans ce qu'ils voient chaque jour à la télévision, dans la vie de leurs quartiers ou même dans ce qui se passe chez eux à la maison ?

Quand il s'agit du bien ou du mal, comment les jeunes croiront-ils au bien-fondé de ce qu'on leur dit ? Comment pourront-ils vérifier la crédibilité de ce qu'on leur dit, en particulier lorsqu'ils se trouvent face à des adultes qui parlent de ces principes mais en sont dépourvus dans leur propre existence ? Il en va de même des autres principes de vie qui nous viennent de la parole de Jésus : la fidélité dans le mariage, l'importance de la parole donnée, l'amour du prochain (Matthieu 5.27- 48). Si ces enseignements sont perçus comme des opinions humaines que nous pouvons accepter ou rejeter à notre gré, ne finiront-ils pas par perdre toute leur raison d'être ? Ces enseignements du Christ sont-ils simplement des opinions personnelles ou des suggestions comme le pensent tant de gens ? Je ne le pense pas. Faire de ces principes une morale qu'on présente comme « moderne », voire « universelle », et venant d'on ne sait où, c'est les amoindrir, c'est pratiquement les rendre caduques. Jésus nous le dit : « Le sel est une bonne chose, mais si le sel perd sa saveur, avec quoi la lui rendra-t-on ? » (Luc 14.34).

CHAPITRE 8

Le don du rire

« Le rire est un cadeau que Dieu a fait aux hommes
pour les consoler d'être intelligents ! »
(Marcel Pagnol)

J'avais près de onze ans. Il y avait tout juste six mois que j'étais revenu en France. En près de quatre ans, j'avais pratiquement oublié tout mon français. On m'avait placé en classe de sixième mais je n'avais absolument pas le niveau de cette classe. En début d'année scolaire, nous avons fait notre première dictée. Le lendemain, le maître me demanda de me lever et mentionna devant toute la classe les erreurs grossières qui se trouvaient dans ma dictée. La classe toute entière éclata de rire. Presque aussitôt, j'éclatai moi-même de rire, ce qui d'ailleurs surprit tout le monde. Ma réaction n'était pas bien difficile à comprendre. Tout le monde sait que le rire est quelque chose de contagieux ! Il paraît même qu'il existe des « clubs du rire » où les gens se mettent à rire sans aucune raison, par simple effet de contagion. Le lendemain on me plaça en Cours moyen première année.

Selon le philosophe Alain, reprenant une idée de Rabelais, « le rire est le propre de l'homme ».[100] Mais pour le roi Salomon, il y a un temps pour rire : « Il y a un moment pour tout et un temps pour toute activité sous le ciel (…), un temps pour pleurer et *un temps pour rire*, un temps pour se lamenter et un temps pour danser. »[101]

Dans son livre La *drogue est un prétexte*, Francis Curlet estime que « l'amour ne doit jamais être remis en cause en particulier dans les cas d'échecs et de fautes ».[102] Face aux erreurs d'une personne, on peut essayer de lui montrer ce qu'elle aurait pu faire autrement ; on peut l'encourager à reconsidérer son approche. Mais rire n'est pas la meilleure manière d'aider celles et ceux qui commettent des erreurs.

Ce lien entre le rire et l'erreur est quelque chose auquel on ne prête pas assez attention. En fait, rire de quelqu'un peut constituer un énorme obstacle au progrès ou à la réussite de cette personne si ce rire est interprété comme un refus de l'erreur. Laurence Wylie et Jean-François Brière dans leur livre « Les Français » constatent qu'en France « le refus de l'erreur est général du haut en bas de la société ».[103] L'erreur est trop souvent synonyme de culpabilité ou d'infériorité, alors qu'il faudrait incorporer la notion d'erreur dans celle d'apprentissage. De plus, en voulant éviter l'erreur à tout prix, on risque de ne plus rien faire du tout ! Quand quelque chose ne fonctionne pas, on tend à vouloir poser les questions suivantes: « A qui la faute ? » « Qui sont les responsables ? » Je pense que cette difficulté à comprendre le rôle de l'erreur explique pourquoi certains individus peinent à prendre des décisions. Wylie et Brière écrivent ceci : « Avant de décider, ils réfléchissent en général longuement et analysent les moindres détails de la situation donnée, les différentes décisions possibles et toutes leurs conséquences. Quand, après avoir tourné la question dans tous les sens et envisagé tous les scenarios possibles, ils sont convaincus qu'ils ont trouvé la meilleure solution (ou la meilleure personne), ils décident d'aller dans cette direction, sûrs d'être sur la bonne voie. »[104]

Frank enseignait la peinture à la *Art Student League* (célèbre école d'art à New York). Lorsque je l'observais en train de peindre, je voyais qu'il travaillait et retravaillait constamment son dessin, ses couleurs. Il ne craignait pas de modifier ce qu'il avait déjà placé sur la toile. Frank n'avait absolument aucune crainte de se tromper, de corriger ce qu'il avait fait. Il comprenait le principe de l'apprentissage par l'erreur.

Ceux qui craignent excessivement de se tromper ou d'échouer n'entreprennent pas ou bien le font trop timidement. Ils craignent leur propre jugement ou le jugement des autres par rapport à tout ce qu'ils font et cette crainte les paralyse, les empêche de progresser. Il se peut que certaines difficultés, certains obstacles, que tu rencontres dans ta vie proviennent de cette crainte du jugement des autres, de cette peur de faire des erreurs. Mais tu dois te dire que ceux qui ne comprennent pas le rôle de l'erreur et son aspect pédagogique sont, tout simplement, des gens qui n'ont pas bien réfléchi à la question. Pire encore sont ceux qui se moquent des erreurs des autres. Jean de la Bruyère disait à juste titre : « La moquerie est souvent indigence d'esprit (…) la moquerie est la fumée des cœurs petits. »

Le film *Le dîner de cons* pose la question de savoir si Pierre devait ou non organiser un repas pour s'amuser des attitudes, à ses yeux hilarantes, du « con » François Pignon. Le film ne répond pas d'une manière tranchée à cette question. Toutefois, on constate que Pierre ne récolte que des déboires à vouloir se moquer de François, le « con ». Sa femme ne semble pas apprécier ce genre de distraction. Elle perd peu à peu l'estime qu'elle pouvait avoir pour son mari lequel, tout au long du film, se croit d'une intelligence supérieure à la moyenne. Au Moyen-Age il était de bon ton de se moquer des handicapés. A travers le personnage de Quasimodo, Victor Hugo évoque cette question dans *Notre Dame de Paris*. Il montre ainsi que la dignité des êtres humains doit toujours être préservée.

La Bible parle de certains comportements ridicules de gens ignorants et insensés. Pourtant, les textes bibliques nous mettent sans cesse en garde contre ceux qui rient aux dépends des autres. Ils sont mis au rang des méchants, des gens stupides et des orgueilleux : « Heureux l'homme qui ne suit pas le conseil des méchants, qui ne s'arrête pas sur la voie des pécheurs et ne s'assied pas en compagnie des moqueurs. » ; « Jusqu'à quand les moqueurs trouveront-ils leur plaisir dans la moquerie et les hommes stupides détesteront-ils la connaissance? »[105]

Que penser du rire de ceux qui s'amusent d'avoir pu exploiter ou tromper leur prochain ? Du rire de ceux qui dédaignent le prochain, le malheureux ? « Malheur à vous qui ajoutez maison à maison et qui joignez champs à champ jusqu'à ce qu'il n'y ait plus d'espace, au point que vous êtes les seuls à habiter au milieu du pays ! (…) Malheur à ceux qui courent de bon matin après les boissons enivrantes et qui s'attardent, le soir, parce qu'ils sont échauffés par le vin ! La harpe et le luth, le tambourin, la flûte et le vin animent leurs banquets, mais ils ne font pas attention à l'activité de l'Eternel et ne voient pas ce qu'il fait. »[106]

Qu'en est-il du rire qu'on affiche pour cacher son chagrin ? Beaumarchais disait : « Je me presse de rire de tout, de peur d'être obligé d'en pleurer. »[107] Pour Alain Braconnier, médecin-psychanalyste « la société veut que les jeunes soient gais, heureux. De plus en plus, elle refuse d'entendre leur souffrance à laquelle on ne sait plus répondre ».[108]

Est-ce que tout cela signifie qu'il faut absolument se donner en tout temps un air sérieux ou malheureux ? La Bible nous enseigne l'importance de la reconnaissance, le fait de reconnaître tout ce qui est bon et bien en ce monde et qui vient du Créateur : « Tout ce que Dieu a créé est bon et rien ne doit être rejeté, pourvu qu'on le prenne dans une attitude de reconnaissance, car cela est rendu saint par la parole de Dieu et la prière. »[109] Il est bon pour l'être humain de manger et de boire, de prendre du plaisir dans le travail qu'il accomplit sous le soleil. Si un homme a reçu de Dieu des richesses et des biens, s'il peut se réjouir au milieu de son travail, c'est un cadeau de Dieu (Ecclésiaste 5.17, 18). Toutefois, Salomon écrit à propos du rire des insensés : « Mieux vaut le chagrin que le rire, car malgré un visage triste le cœur peut être content. Le cœur des sages est dans la maison de deuil, et celui des hommes stupides dans la maison de joie. Mieux vaut entendre la menace du sage que d'écouter le chant des hommes stupides. En effet, le rire des hommes stupides ressemble au crépitement des épines sous la marmite. Cela aussi, c'est de la fumée. »[110]

Il y a une tristesse qui est inutile et qui ne mène à rien et que la Bible appelle la tristesse « du monde ». Cette tristesse « produit la mort alors que la tristesse selon Dieu conduit au salut ».[111] Le *monde* décrit ici non pas la terre, le monde créé par Dieu, mais le monde qui *choisit de vivre sans Dieu*, sans sa direction, sans sa Parole de vie. C'est ce monde — un monde d'indifférence, de haine ou de violence — que nous devons refuser et avec lequel nous ne devons pas avoir d'affinité. C'est ce monde qui produit une tristesse certaine, mais une tristesse qu'il nous faut vaincre par l'amour, comme le disait Martin Luther King : "La race humaine doit sortir des conflits en rejetant la vengeance, l'agression et l'esprit de revanche. Le moyen d'en sortir est l'amour."

Le film *Ridicule* (1996) montre le côté ridicule d'une aristocratie française sur le point de s'autodétruire en raison de sa corruption des mœurs, de ses rapports humains faussés, de son comportement « ridicule » (c'est-à-dire « qui prête à rire »). On trouve cette forme d'humour chez les prophètes d'Israël qui montrent le côté ridicule des gens puissants et qui abusent de leur influence : « Malheur à ceux qui promulguent des règles injustes et à ceux qui transcrivent des décrets oppressifs pour écarter les plus faibles des tribunaux et priver les plus humbles de mon peuple de leurs droits, pour faire des veuves leur proie et dépouiller les orphelins. »[112]

Ceux qui font le mal ont souvent tendance à se prendre pour des gens importants ; ils tendent à s'imaginer qu'ils sont invulnérables. Mais Dieu les compare à l'herbe qu'on fauche quand elle devient trop haute : « Ils sont fauchés aussi vite que l'herbe et ils se flétrissent comme le gazon vert. »[113] Les rois d'Assyrie se prenaient pour les maîtres du monde. Ils n'étaient, en fait, qu'un bâton dans les mains de Dieu (un bâton n'a pas beaucoup de cervelle !). Le côté ridicule de leurs prétentions ressort des paroles que Dieu leur adresse à travers le prophète Esaïe : « Malheur à l'Assyrien, bâton de ma colère ! Ce bâton dit : C'est par la force de ma main que j'ai agi, c'est par ma sagesse, car je suis intelligent. »[114] Dieu pose alors la question suivante à l'Assyrie : « La hache se vante-t-elle aux dépens de celui qui se sert d'elle ? La scie se montre-t-elle arrogante vis-à-vis de celui qui la manie ? C'est comme si le gourdin faisait bouger celui qui le brandit. »

Peut-être es-tu irrité par des gens qui n'ont aucun scrupule pour écraser les autres, pour les diminuer. Sache en tous cas qu'ils ne sont pas invulnérables. Sache qu'ils sont tout aussi fragiles que ces rois d'Assyrie. Le prophète Elie expose le côté ridicule de ceux qui invoquent les faux dieux : « Criez à haute voix ! Puisqu'il est dieu, il doit être en train de penser à quelque chose, ou bien il est occupé, ou encore en voyage. Peut-être même qu'il dort et qu'ils va se réveiller. »[115]

Dieu décrit le côté ridicules des méchants et des gens violents : « Ils tirent leur épée et bandent leur arc pour faire tomber le mal-

heureux et le pauvre, pour égorger ceux dont la voie est droite »
mais l'épée « transperce leur propre cœur, et leur arc se brise ».
(Psaume 37.14).

Jésus compare les dirigeants religieux et politiques de sa
génération à des *enfants* qui ne savent pas ce qu'ils veulent et
ne sont jamais contents. Ces *enfants* blâment Jean Baptiste car
il passe trop de temps dans le désert, séparé du peuple ; puis
ils blâment Jésus qui mange et boit avec la population : « A qui
comparerai-je cette génération? Elle ressemble à des enfants assis
sur des places publiques et qui s'adressent à d'autres enfants en
disant: ' Nous vous avons joué de la flûte et vous n'avez pas dansé,
nous [vous] avons entonné des chants funèbres et vous ne vous
êtes pas lamentés.' En effet, Jean est venu, il ne mange pas et ne
boit pas, et l'on dit: ' Il a un démon.' Le Fils de l'homme est venu,
il mange et il boit, et l'on dit: ' C'est un glouton et un buveur, un
ami des collecteurs d'impôts et des pécheurs.' Mais la sagesse a
été reconnue juste par ses enfants. »[116]

La connaissance de Dieu produit une joie durable et authentique : « Quand l'Eternel a ramené les déportés de Sion, nous
étions pareils à ceux qui font un rêve. Alors notre bouche était
remplie de rires, et notre langue poussait des cris de joie. »[117]
« Justes, réjouissez-vous en l'Eternel et soyez dans l'allégresse !
Poussez des cris de joie, vous tous qui avez le cœur droit ! Tu me
fais connaître le sentier de la vie ; il y a d'abondantes joies dans ta
présence, un bonheur éternel à ta droite. »[118]

CHAPITRE 9

La joie sans obstacles

« Fais-moi entendre des chants d'allégresse et de joie ! »
(Le roi David)

Après avoir quitté Thonon, je me rendis à Genève en mai 1970 pour essayer d'y trouver un emploi temporaire. Les jours qui précédèrent mon départ, je passai du temps à relire certains des ouvrages sur l'art du théâtre que j'avais pu acquérir cette année-là. Je me demandai ce qui avait pu me motiver à la vie d'acteur. Etait-ce tout simplement le hasard qui m'avait conduit dans cette direction ? Avais-je été inspiré par la fréquentation du petit groupe d'acteurs qui répétait à Neuilly ?

Ils étaient trois jeunes acteurs (Maurice, Moléna et Saïd) et je devins en quelque sorte le quatrième membre du groupe. Je me souviens en particulier de nos répétitions de *Dr. Knock*, la pièce de Romain Roland. Il me semble que j'étais plutôt attiré par la comédie. Pourtant, je me mis à préparer les concours d'entrée aux grandes écoles de théâtre de Paris et de Strasbourg en travaillant le personnage de Néron dans *Britannicus*, la pièce de Racine. En essayant de présenter une pièce tragique je me fourvoyais, j'allais contre mes instincts les plus profonds qui m'attiraient en fait vers la comédie. Je ne saurais dire pourquoi je fis ce choix. Cela reste à ce jour un mystère pour moi ! En tous cas, à l'époque, je passais plusieurs mois à travailler le personnage de Néron afin de me présenter aux jurys de l'Ecole Dramatique de la rue Blanche à Paris et du Conservatoire National d'Art Dramatique de Strasbourg. Je n'ai jamais su si j'avais ou non été reçu. Une semaine après ces deux présentations, je fus convoqué pour accomplir mon service militaire. Au fond, je crois que je préférais de loin le personnage de Knock au personnage morbide de Néron. Je soupçonne que je n'avais pas été très bon dans le personnage de Néron.

Maurice ressemblait étrangement à l'acteur Louis Jouvet, lequel incarnait le *Dr. Knock* dans le film de Guy Lefranc (1951). En Juillet 1970, Maurice m'avait invité à venir rencontrer quelques acteurs et personnalités du monde du théâtre et m'avait demandé si je voulais bien répondre à leurs questions sur la nouvelle direction de ma vie. Je me rendis donc au rendez-vous parisien, un samedi après-midi dans un café près de la Gare du Nord.

Il devait y avoir une trentaine de personnes présentes. Pendant environ trois heures, nous parlâmes de théâtre et du sens de la vie. J'expliquai quelle était ma nouvelle perspective de l'existence. Ils me demandèrent quelle avait été la réaction d'Antoine à ma décision de devenir chrétien. Je leur appris qu'Antoine n'avait pas eu de réaction négative par rapport à ma décision. Il leur semblait bien étrange qu'un jeune acteur puisse tout-à-coup avoir la foi. Les discussions et les cours du lycée dans les années soixante donnaient parfois l'impression que les considérations philosophiques avaient rendu la foi chrétienne caduque ; qu'il n'y avait aucun moyen intellectuel d'être un croyant en plein vingtième siècle. Pourtant, je tirai de cette discussion la conclusion que les obstacles à la foi chrétienne chez certains « non croyants » ne proviennent pas toujours de ce qu'on peut imaginer. Nombre de ces obstacles sont liés à des expériences personnelles, voire des choix, qui n'ont pas grand-chose à voir avec la philosophie athée qui était en vogue à l'époque. J'en conclus cela par les réponses aux questions que je posai ce jour-là : « As-tu pris un jour la peine de lire la Bible pour savoir ce qu'elle dit ? Pourquoi penses-tu qu'il est absurde de croire aux paroles du Christ ? »

A l'occasion, je constatai que mes interlocuteurs, passionnés de théâtre, de littérature ou de poésie, avaient tendance à prendre un peu trop au sérieux les textes qu'ils avaient lu. Ils s'imaginaient à tort que ces textes avaient nécessairement la prétention de leur apprendre quelque chose sur le sens profond de l'existence ou qu'ils visaient à les guider dans certaines vérités philosophiques, morales ou spirituelles. Comme si, par exemple, Charles Baudelaire (1821-1867) avait voulu encourager le vice ou des pratiques immorales dans sa poésie, alors que lui-même rejetait une telle notion comme on le découvre lorsqu'on lit ce qu'il écrit en tant que critique d'art ou dans sa correspondance personnelle : « Il faut peindre les vices tels qu'ils sont, ou ne pas les voir. Et si le lecteur ne porte pas en lui un guide philosophique et religieux qui l'accompagne dans la lecture du livre, tant pis pour lui. » Baudelaire écrit par ailleurs : « Une foule de gens se figurent que le but de la poésie est un enseignement quelconque, qu'elle doit tantôt fortifier la conscience, tantôt perfectionner les mœurs, tantôt enfin démontrer quoi que ce soit d'utile (…) La Poésie n'a pas d'autre but qu'elle-même. »[119] Le poète reconnaît la puérilité et la stérilité de l'art pour l'art, dont il est pourtant un défenseur farouche : « La puérile utopie de l'art pour l'art en excluant la morale et souvent même la passion était nécessairement stérile. » Il pensait donc que le lecteur devait porter en lui « un guide philosophique et religieux', et « tant pis » pour ceux qui n'avaient pas ce guide !

Je pense à une réflexion d'Albert Camus (1913-1960) qui, s'opposant à la notion de « l'art pour l'art » défendue par Baudelaire, disait : « Le seul artiste réaliste serait Dieu, s'il existe. Les autres artistes sont, par force, infidèles au réel. » (Phrase qui se trouve dans le discours de Camus lorsqu'il reçut le Prix Nobel de littérature en 1957). Il est intéressant, en effet, de se demander jusqu'à quel point nous pouvons être fidèles au réel à travers le théâtre, la littérature ou la peinture. Et, d'ailleurs, la représentation du réel n'est pas forcément le but de l'art. Shakespeare pensait que la vie n'est qu'une grande pièce de théâtre, mais je n'ai jamais pu comprendre ce point de vue. Nous ne pouvons pas constamment fuir la réalité. Elle finira un jour par nous frapper de plein fouet.

Vingt ans plus tard, dans les années quatre-vingt dix, Maurice vivait à Marseille et donnait des cours de théâtre à de jeunes lycéens. Un jour qu'il se promenait non loin du Vieux Port, il aperçut sur le trottoir une feuille imprimée qu'il ramassa. Il y reconnut aussitôt mon visage. Le texte annonçait des soirées de chants Gospel au cours desquelles je parlais aussi avec humour de certains souvenirs d'enfance et de jeunesse. Il vint donc à la salle de banquets de l'hôtel où se déroulaient ces soirées. Ce fut une réelle surprise pour moi de le voir. Les nombreux spectateurs riaient beaucoup et dès la fin de la première soirée Maurice me rappela que j'avais toujours préféré le comique au tragique. Il apprécia le fait que la vie chrétienne ne signifie pas qu'on devient alors détaché des joies de l'existence ou qu'on se prend dès lors tellement au sérieux qu'on cesse d'avoir des relations humaines et chaleureuses avec les gens. Il prit la décision de suivre le Christ quelques mois plus tard.

Est-ce que suivre Jésus-Christ, s'imprégner de son enseignement, signifient qu'il faut prendre un air contrit ou religieux ? Est-ce que cela implique qu'il faut s'abstenir des joies que Dieu nous offre en cette vie ? Jésus ne parle-t-il pas des hypocrites religieux qui « prennent un air tout défait pour montrer aux hommes qu'ils jeûnent » ? (Matthieu 6.16). Certains des chefs religieux d'Israël considéraient Jésus comme un « buveur et un mangeur » (un homme de mauvaise vie) parce qu'il ne se donnait pas un air solennel et religieux pour montrer aux gens sa piété religieuse.[120]

En fait, la joie est une caractéristique du croyant authentique : « Tu m'as fait connaître les sentiers de la vie, tu me rempliras de joie par ta présence. »[121] Pourtant, il faut bien comprendre que la « joie » dont parle Jésus ne consiste pas à être hilare en toutes circonstances. Il nous est même demandé de « pleurer avec ceux qui pleurent », de nous « réjouir avec ceux qui se réjouissent ».[122] Il existe bien des situations humaines dans lesquelles il serait indécent de se réjouir. La joie dont nous parlons est une disposition du « cœur » qui ne se définit pas forcément par les expressions du visage. Elle est le fruit d'une conviction et d'une espérance ayant leur source en Jésus ressuscité — source de vie qui existe indépendamment de nous et qui n'est pas altérée par les circonstances de la vie.

Cette joie peut d'ailleurs paraître bien étrange. En effet, comment peut-on accepter l'idée d'une joie qui demeure au milieu des peines, et même au milieu du deuil ? Jean dit : « Si nous vous écrivons ces choses, c'est pour que notre joie soit complète. » Il écrit par ailleurs : « En lui résidait la vie, et cette vie était la lumière des hommes."[123]

« En lui résidait la vie ». Pourquoi dire cela ? Je respire, je marche, je mange. Ne suis-je pas vivant ? Mais est-il bien vrai que je suis vivant ? Ce que nous croyons être la « vie » ne serait-elle en réalité qu'une « survie » ? Il a traversé les âges ; il est venu du « commencement », des origines mêmes de la vie et il dit, comme si nous étions sur une mauvaise voie, comme si nous étions égarés, comme si nous étions morts : « Je suis le chemin, la vérité et la vie » (Jean 14. 6).

Au temps de Noé les êtres humains en étaient arrivés à cet état de mort décrit comme un endurcissement irréversible du cœur : « Toutes les pensées de leur cœur se portaient constamment et uniquement vers le mal. » (Genèse 6.5). Dieu a instruit le peuple d'Israël en disant : « Tu n'endurciras pas ton cœur et tu ne fermeras pas ta main devant ton frère pauvre. » (Deutéronome 15.7). Le cœur endurci est semblable à la plante desséchée qui fut trop longtemps privée d'eau. Le cœur endurci se ferme aux malheurs des autres.

Pourquoi Jésus est-il venu ? Qu'a-t-il voulu nous enseigner ? Jésus est venu afin que notre cœur endurci cesse de l'être. Lorsqu'il est insensible, dépourvu d'amour, dénué d'espoir, de joie et de paix, le cœur est mort. Inévitablement, cette absence de vitalité entraînera le cœur vers la dureté ou l'indifférence : « La Parole de Dieu n'attend pas son utilisateur : c'est un fer qui brûle, une voix qui interpelle, un vent qui déloge. Ce n'est pas elle qui est disponible à l'étalage : c'est nous qui devons être disponibles au fond de notre cœur… » (André Manaranche[124]).

Il est vrai que nous pouvons choisir de rire, de nous distraire, de nous amuser ou de nous plonger dans le travail, afin de ne pas penser au sens de notre vie, à la mort qui nous attend. Mais ces distractions ne sont-elles pas en réalité un « opium », une sorte de drogue, dont les effets passeront et nous laisseront un jour plus malheureux que jamais ? Devrons-nous alors vivre comme des personnes remplies de regret, de tristesse ou d'amertume, n'ayant plus de perspectives pour notre avenir, n'étant plus capables de joie, de rire ? Où sont donc passés nos rêves d'enfance ? Que sont devenues les aspirations de notre jeunesse ? Qu'est-il arrivé à la vie que nous imaginions ?

CHAPITRE 10

L'imagination créatrice

« *Une forte imagination produit l'événement* »

(Michel de Montaigne)

J'avais six ans et demi. Dans le paquebot qui m'emmenait sur l'Atlantique, allongé sur le lit de ma cabine, je songeais à tout un monde à découvrir, bien différent de celui que j'avais connu jusqu'alors ; j'imaginais des visages nouveaux mais qui, dans mon esprit, semblaient pourtant déjà familiers. Les vagues frappaient la coque du grand navire et produisaient des sons mystérieux qui semblaient provenir d'autres mondes. Debout sur le pont du navire, j'aimais scruter les changements du ciel, les mouvements de l'océan.

Les enfants sont doués de cette capacité extraordinaire qu'est l'imagination. Dans la solitude et le silence ils entrevoient des mondes merveilleux et fantastiques. Mais bien vite on leur fabrique toutes sortes d'images et de bruits qui envahissent leur existence. Bien vite on leur fait comprendre qu'ils ne doivent pas « bayer aux corneilles », qu'ils doivent garder « les pieds sur terre ». On leur apprend que c'est surtout la raison et la logique qui font tourner le monde et qui amènent la réussite. Ils doivent remplir d'incessantes activités chaque journée, chaque moment qui passe. Alors, ils n'ont plus le loisir d'imaginer. Le regard fixé sur le petit écran ou l'écran de l'ordinateur, ils ingurgitent les images qu'on leur fabrique et dont certaines sont même destinées à détruire leur innocence. Ils constatent que l'imagination n'est pas quelque chose qui semble important pour la plupart des adultes qui les entourent. Alors, ils cessent peu-a-peu de construire, dans leur esprit, des mondes nouveaux. Ils cessent d'être créatifs.

Le bruit permanent qui caractérise la vie moderne est non seulement cause de stress, mais constitue un obstacle à l'imagination créatrice. Selon le journal scientifique *Brain, Structure and Function*, des scientifiques finlandais ont découvert que deux heures de silence par jour ont conduit au développement de nouvelles cellules au niveau de l'hippocampe chez des souris ayant été exposées régulièrement à du bruit. On sait que l'hippocampe joue un rôle central dans la mémoire chez l'homme. Dans l'ouvrage *Frontiers in Human Neuroscience*, des chercheurs ont constaté que c'est surtout au repos que le cerveau est capable d'intégrer de nouvelles données au niveau du conscient ; c'est pendant les périodes de silence et de tranquillité que l'imagination fonctionne au mieux chez l'être humain.[125] Il n'est pas étonnant que la Bible souligne l'importance du silence pour la vie spirituelle. Jésus lui-même prenait du temps pour être dans le silence, loin des foules et du bruit.[126]

Le monde visible est venu de l'invisible. Comme le disait Jean Perrin, prix Nobel de physique : « La science remplace du visible compliqué par de l'invisible simple. » La physique nous entraîne de plus en plus vers ce monde invisible d'où provient la matière et qui n'est elle-même qu'une illusion au regard de ce que nos yeux peuvent percevoir.

Il semblerait que d'une certaine manière le monde visible, la création, fut l'effet de l'« imagination » divine, l'effet de ce que Dieu voyait déjà, avant même que cela n'existe. En effet, la Bible nous apprend que « l'univers a été formé par la parole de Dieu, de sorte que le monde visible n'a pas été fait à partir des choses visibles » (Hébreux 11.4).

Dès qu'ils ont été créés, l'homme et la femme ont manifesté leur ressemblance avec le créateur. Aujourd'hui, cette ressemblance signifie, tout d'abord, que toi et moi sommes destinés à devenir créateurs à notre tour. Comment exerçons-nous cette capacité extraordinaire d'être des créateurs ? Nous le faisons avant tout à travers notre capacité à imaginer, à voir ce qui n'est pas encore visible. Tous les objets qui nous entourent, des plus simples aux plus complexes, sont le fruit de l'imagination humaine, puis de la capacité créatrice de l'être humain à concrétiser ce qui n'était tout d'abord qu'une image dans son esprit. Ces objets sont le fruit de son imagination et de son intelligence œuvrant à l'unisson.

Les êtres humains sont parvenus à réaliser le rêve de marcher sur la lune en mettant leur intelligence au service d'un rêve. Cet exploit a été le résultat d'une symbiose entre l'imaginaire et l'intelligence. Ce pouvoir de « créer » s'applique à de nombreux domaines. Par exemple, dans l'art de la négociation, l'idéal consiste à rechercher, quand c'est possible, une négociation de nature « intégrative » (qui intègre les intérêts de toutes les parties ; on peut ainsi aboutir à une négociation qui apporte un gain pour toutes les parties). Mais pour concrétiser une telle négociation, nous devons exercer notre capacité créatrice tout en tenant compte des possibilités qui existent dans le partage d'une solution (ce qui consiste à dire par exemple que dans un conflit où chacun veut une part du gâteau, on parvient à imaginer un moyen d'agrandir le gâteau ou d'obtenir d'autres gâteaux). Il s'agit alors d'imaginer, de découvrir des solutions nouvelles qui pourront permettre d'augmenter les gains possibles pour chaque partie. Les experts appellent cela « créer du bien » (*create value*) plutôt que simplement vouloir obtenir du bien (*claim value* ; voir l'ouvrage en note[127]). Dans ce processus, l'imagination joue un rôle majeur. Bien souvent les négociations n'aboutissent pas faute d'imagination et non simplement faute de moyens.

Le pouvoir de l'imagination est un don essentiel qui nous est accordé par Dieu. Pourtant, nous ne sommes pas toujours conscients de ce don. Nous ne savons pas nécessairement à quel point ce don pourrait nous aider à résoudre des difficultés, à surmonter des obstacles, voire à changer de vie pour le meilleur. En partant du point de vue que l'imaginaire ne joue aucun rôle significatif dans la conduite de notre vie, nous nous privons d'un moyen puissant de découvrir des réponses nouvelles, inattendues, qui se cachent dans le monde invisible. En ne croyant « que ce que nous voyons » nous ne sommes pas à même de puiser dans le trésor du monde invisible dont les richesses remplissent notre univers et qui appartiennent à Dieu qui a tout « créé dans le ciel et sur la terre, le visible et l'invisible » (Colossiens 1.15). Voilà pourquoi la Bible définit la foi comme « la ferme assurance des choses qu'on espère, la démonstration de celles qu'on ne voit pas » (Hébreux 11.1).

Il est dit du patriarche Abraham que Dieu lui parla et que, de ce fait, il quitta sa terre natale pour aller vers un pays que Dieu lui montrerait (Genèse 12). Il reçut des promesses que seule l'imagination pouvait percevoir ; des promesses totalement hors de sa portée, totalement irréalistes. Pourtant, il crut à ces promesses et se mit en chemin. Il « attendait la cité qui a de solides fondations, celle dont Dieu est l'architecte et le constructeur. » (Hébreux 11.10).

Il est vrai que bien des crimes et des délits peuvent avoir leur origine dans l'imagination. Par conséquent, celle-ci doit s'inspirer du bien. Pourtant, l'enseignement du Christ ne vise pas à détruire l'imagination mais à la libérer de nos mauvaises tendances, à la purifier de la haine, de la méfiance ou du recours à la violence. Le célèbre discours du pasteur Martin Luther King se réfère principalement au rêve, à l'imaginaire. L'expression *I have a dream* (*j'ai un rêve*) est le leitmotiv de ce célèbre discours.[128] Ce rêve du pasteur King, ancré dans les Evangiles, a convaincu des millions de personnes qu'ils pouvaient imaginer un monde sans racisme, un monde meilleur.

Les pensées de Dieu ne sont pas les nôtres ; ses voies sont bien distinctes de nos voies : « Le ciel est bien plus haut que la terre. De même, mes voies sont bien au-dessus de vos voies, et mes pensées bien au-dessus de vos pensées. La pluie et la neige descendent du ciel et n'y retournent pas sans avoir arrosé la terre, sans l'avoir fécondée et avoir fait germer ses plantes, sans avoir fourni de la semence au semeur et du pain à celui qui mange. Il en va de même pour ma parole, celle qui sort de ma bouche ; elle ne revient pas à moi sans effet, sans avoir fait ce que je désire et rempli la mission que je lui ai confiée. Oui vous sortirez dans la joie et vous serez conduits dans la paix. » (Esaïe 55.9-12). Nous pouvons donc nous inspirer de la Parole divine qui nous révèle la pensée de Dieu : « Comme il est écrit, 'ce que l'œil n'a pas vu, ce que l'oreille n'a pas entendu, ce qui n'est pas monté au cœur de l'homme, Dieu l'a préparé pour ceux qui l'aiment.' Or, c'est à nous que Dieu l'a révélé, par son Esprit… »[129] Sans ce guide, les êtres humains sont capables de concevoir, à travers leur imagination, les pires horreurs. Ils sont capables d'imaginer des instruments de guerre effroyables, capables de semer la destruction dans l'existence humaine.

Sans une inspiration qui se nourrit de la parole d'amour et de sagesse, l'imagination humaine risque toujours de produire un monde brutal et cruel, un monde de violence et de haine ou même un monde d'indifférence : « Les mauvaises pensées de leur cœur débordent. Ils ricanent et parlent méchamment d'opprimer, ils profèrent des discours hautains... » (Psaume 73.7) ; « Ils se sont égarés dans leurs raisonnements et leur cœur sans intelligence a été plongé dans les ténèbres. Ils se vantent d'être sages, mais ils sont devenus fous. » (Romains 1.21).

La science elle aussi peut devenir dans leurs mains un instrument du mal au service de l'égoïsme ou de la soif de domination : "Il est étrange que la science, qui jadis semblait inoffensive, se soit transformée en un cauchemar faisant trembler tout le monde." (Albert Einstein).

CHAPITRE 11

La science de Dieu

« *La science remplace du visible compliqué par de l'invisible simple.* »

(Jean Perrin, prix Nobel de physique).[130]

Au début des années quatre-vingts je fus invité par un groupe d'étudiants en médecine pour dialoguer des rapports entre la foi et la science. Leurs études avaient conduit certains d'entre eux à douter de l'existence de Dieu et de la foi en un créateur du monde. « En lui donnant suffisamment de temps, la vie n'aurait-elle pas pu apparaître par hasard » me disaient-ils ?

Au cours de l'une de ces conversations ils évoquèrent la fameuse expérience du chimiste américain Stanley Lloyd Miller

(1930-2007) par laquelle Miller et Urey voulurent mettre en évidence une éventuelle origine chimique de l'apparition de la vie sur terre. On considère cette expérience comme étant classique pour tenter d'expliquer l'origine de la vie.

Je demandai à ces étudiants s'ils pensaient qu'il était logique de définir le résultat de cette expérience comme le résultat du « hasard ». Ils ne comprirent pas d'emblée le sens de ma question. Je leur rappelai que le chimiste avait enfermé dans un ballon des gaz spécifiques (méthane CH_4, ammoniac NH_3, hydrogène H_2 et eau H_2O.) puis, pendant sept jours, soumis ce mélange à des décharges électriques. Ces gaz avaient été mélangés dans des proportions exactes par des gens intelligents et selon des calculs complexes ; puis ces gaz avaient été soumis à des décharges électriques pendant un temps précis et le tout produisit quelques molécules organiques. Je leur demandai alors si ce fut bien le « hasard » qui fut à l'origine du résultat obtenu ou plutôt l'intelligence du chimiste, ses calculs et la fabrication d'un laboratoire sophistiqué. Cette expérience ne démontrait-elle pas exactement l'inverse de ce que clamaient certains ? Ne montrait-elle pas la nécessité d'une intelligence à l'origine d'un processus aussi complexe ?

Louis Pasteur affirmait déjà que la génération (l'apparition) spontanée de la vie sur terre est une impossibilité : « Le 7 avril 1864 Louis Pasteur présente le résultat de plusieurs années de recherche lors d'une conférence à la Sorbonne. Il démontre alors la fausseté de la théorie de génération spontanée. Celle-ci consistait à penser que certains êtres vivants, dont les micro-organismes étudiés par Pasteur, naissaient de manière spontanée, simplement par l'alliance de facteurs externes et sans aucun recours à d'autres substances organiques. Or, en présentant ses travaux, Pasteur démontre que ces organismes sont issus de germes déjà existants. »[131]

Si l'on en croit les recherches qui ont été entreprises relativement à cette question, l'idée selon laquelle la vie dans toute sa complexité serait le fruit du « hasard » est plus qu'improbable : elle est mathématiquement impossible ! L'ADN (acide désoxyribonucléique) est une macromolécule biologique de base complexe, présente dans toutes les cellules et sans laquelle il n'y aurait pas de vie. Cette molécule contient plus de 40.000 atomes ; elle est constituée d'autres éléments qui sont eux-mêmes très complexes, dont les protéines ; pour une discussion approfondie sur cette question, voir la note en fin d'ouvrage et l'article du professeur James F. Coppedge.[132]

Le biochimiste russe Alexandre Oparine (1894-1980) admettait la même chose : « Faire allusion au coup de chance, qui parmi des billions et des quadrillons de combinaisons, a pu former par hasard justement cette séquence indispensable qu'exige la synthèse des protéines est irrationnel. La structure de ces protéines est non seulement très compliquées, mais elle est aussi extrêmement bien adaptée à l'accomplissement des fonctions catalytiques définies qui jouent un rôle important dans la vie de l'organisme tout entier ; cette structure est strictement conçue dans ce but, pour cela. Une telle adaptation à sa fonction biologique, une telle structure conforme à son but, caractérise aussi les acides nucléiques des organismes actuels, et qu'elle soit apparue par hasard est aussi impossible que l'assemblage par hasard à partir de ses éléments, d'une usine capable de sortir n'importe quel produit particulier ».[133]   Pour le physicien Alfred Kastler, l'explication de la création de la vie par le hasard n'est pas satisfaisante : « Que l'évolution soit due exclusivement à une succession de micro-événements, à des mutations survenues chacune par hasard, le temps et l'arithmétique s'y opposent. Pour extraire d'une roulette, coup par coup, sous-unité par sous-unité, chacune des quelques cent mille chaines protéiques qui peuvent combiner le corps d'un mammifère, il faut un temps qui excède, et de loin, la durée allouée au système solaire… »[134] Kastler ajoute que l'idée d'un créateur ne lui est pas étrangère : « Elle ne m'est pas étrangère parce que je ne peux pas, et personne ne peut comprendre l'univers sans une finalité ».[135]

Le célèbre philosophe anglais Antony Flew (1923-2010) explique dans son livre *There is a God : How the Most Notorious Atheist Changed His Mind*, 2007 (« Il y a un Dieu : comment l'athée le plus célèbre changea d'avis »), que c'est la science qui l'a finalement conduit à changer d'avis et à postuler l'existence de Dieu. Dans ce livre, Flew cite George Wald, titulaire du prix Nobel de médecine en 1967, lorsqu'il répond à la question des origines de la vie : « Face à cette question nous choisissons de croire l'impossible : que la vie est apparue par hasard et de façon spontanée. »[136]

Flew explique qu'il fut amené à croire en l'existence d'une intelligence suprême à l'origine de la vie en étudiant de près les mécanismes d'information au cœur du code génétique ; code « reposant notamment sur la correspondance entre, d'une part, des triplets de nucléotides, appelés codons, sur l'ARN messager et, d'autre part, les acides aminés protéinogènes incorporés dans les protéines synthétisées lors de la phase de traduction de l'ARN messager par les ribosomes ».[137] Des mécanismes d'information et de « traduction » aussi complexes ne peuvent être que le produit d'une intelligence bien supérieure à tout ce que nous pouvons imaginer. Ce fut aussi le point de vue de l'astronome Fred Hoyle (1915-2001) qu'il exposa dans son livre *The Intelligent Univers*, publié en 1983, et où il écrit qu'il n'y a « aucune chance qu'une sélection par le hasard ait pu produire et organiser les 2000 enzymes nécessaires à la vie ; le calcul mathématique donnant une probabilité de l'ordre de 1 sur 10 puissance quarante mille ».

La philosophie à la mode de nos jours — le matérialisme philosophique — est très ancienne est dépassée. Cette philosophie était celle des épicuriens et des stoïciens d'Athènes qui, des centaines d'années avant Jésus-Christ, ont adhéré aux enseignements d'Epicure et de Zénon (300 avant J.-C.). Bien que distincts quant à certaines de leurs croyances, les épicuriens et les stoïciens avaient ceci en commun qu'ils voulaient tout expliquer uniquement à partir du monde matériel, du monde visible et des lois observables qui semblaient régir le monde. Ils pensaient que le monde visible (la terre, l'univers) n'a pas eu de commencement ; il ne pouvait y avoir pour eux de créateur du monde ou de création : tout ce que nous voyons a toujours existé et ne cessera jamais d'exister. Ils se voyaient comme faisant partie du cycle immuable et sans cesse répété de l'histoire du monde et des hommes. Ils pensaient que le bien suprême pour l'être humain est de se conformer à ce qui est raisonnable et ce qu'on peut découvrir uniquement dans la nature et dans ses lois. Ils voyaient le monde comme une machine géante dans laquelle ils se trouvaient enfermés ; machine dont ils devaient s'efforcer de comprendre les mécanismes afin de s'accommoder au mieux de leur existence pénible. Ce sont les épicuriens et des stoïciens qui, dans la Bible, se mettent à parler avec l'apôtre Paul et lui disent : 'Est-ce que nous pouvons connaître ce nouvel enseignement que tu donnes ?' »[138]

Aujourd'hui, nous savons que pour l'essentiel, ce qui régit la vie de chaque individu, de chaque cellule, de chaque atome, est invisible à l'œil nu ; la science actuelle démontre qu'une force mystérieuse, qu'une source d'intelligence, d'information, d'organisation, est sans cesse à l'œuvre au cœur du vivant et tout autour de nous. La science et la Bible se rejoignent sur cette thématique qui leur est commune. Beaucoup de gens, toutefois, ont toujours une vision purement « matérialiste » du monde.

Le matérialisme philosophique est devenu pour certains la seule façon de comprendre le monde et l'existence — philosophie définie ainsi par André Comte Sponville : "C'est la doctrine qui affirme qu'il n'y a d'être(s) que matériel(s) : le matérialisme est un monisme physique. A ce titre, il se définit surtout par ce qu'il exclut : être matérialiste, c'est penser qu'il n'existe ni monde intelligible, ni dieu transcendant, ni âme immatérielle. » Une telle vision « matérialiste » du monde peut même prévaloir chez ceux qui se définissent comme croyants mais qui, dans leur vie de chaque jour, suivent une vision purement matérialiste de l'existence. C'est ce que dit le prophète Esaïe : « Vous tous qui avez soif, venez vers l'eau, même celui qui n'a pas d'argent! Venez, achetez et mangez, venez, achetez du vin et du lait sans argent, sans rien payer! Pourquoi dépensez-vous de l'argent pour ce qui ne nourrit pas? Pourquoi travaillez-vous pour ce qui ne rassasie pas? Ecoutez-moi vraiment et vous mangerez ce qui est bon, vous savourerez des plats succulents. Tendez l'oreille et venez à moi, écoutez donc et vous vivrez! »

Il y a bien un monde visible avec ses lois. Mais ce monde visible peut être comparé à la partie émergée d'un énorme iceberg dont l'essentiel n'est pas visible à l'œil nu. La Bible nous dit depuis longtemps que derrière les mécanismes élémentaires qui semblent régir le monde observable, des réalités beaucoup plus complexes sont à l'œuvre au cœur du mystère de la vie et de notre existence. Le livre des Proverbes atteste que c'est l'intelligence, la « science », de Dieu qui est à l'œuvre au cœur du mystère de la vie et de son origine : « J'ai été établie [la sagesse, l'intelligence] depuis l'éternité, dès le début, avant même que la terre existe (…) Lorsqu'il a disposé le ciel, j'étais là [la sagesse, l'intelligence] ; lorsqu'il a tracé un cercle à la surface de l'abîme, lorsqu'il a placé les nuages en haut et que les sources de l'abîme ont jailli avec force, lorsqu'il a fixé une limite à la mer pour que l'eau n'en franchisse pas les bornes, lorsqu'il a tracé les fondations de la terre, j'étais [la sagesse, l'intelligence] à l'œuvre à ses côtés. »[140] Cette science ou sagesse de Dieu à l'origine de la vie est appelée « parole » ou « verbe » dans l'Evangile (du grec, *logos* qui signifie non seulement parole, mais aussi raison, science.) Dans le processus de la création le texte biblique fait chaque fois intervenir la parole divine («

Et Dieu dit » Genèse 1.3) ; cette parole, comme pour la parole humaine, est l'expression d'une pensée, d'une intelligence. Par cette notion de « parole » à l'origine du cosmos et de la vie, le texte biblique veut souligner la science, l'intelligence, qui fut à l'origine du monde et de la vie. Lorsqu'on lit « Dieu dit » il faut imaginer à l'intérieur de cette évocation d'une parole celle d'une intelligence, voire des formules mathématiques complexes ou des concepts de la physique que nous n'avons découverts que récemment. A cet égard, le texte biblique est unique et diffère des mythes antiques qui postulent toujours l'existence de la matière, de l'univers, de la vie avant même la création du monde. Mais dans la Bible il y a un *commencement* à l'univers, au monde. Il y a non pas une transformation de ce qui existait déjà mais une « création » de ce qui n'existait pas (en Genèse 1.1, le verbe hébreu *barah* est traduit par « créa » en français ; ce verbe signifie « donner l'existence à partir de rien » ; en outre, le verbe barah est employé 18 fois dans l'Ancien Testament et s'applique toujours à Dieu.)[141]

Dans la Bible, et en particulier à travers l'histoire d'Israël, Dieu se montre, se dévoile « à de nombreuses reprises et de bien des manières » (Hébreux 1.1). Cependant, la « vision » concrète, physique, de la gloire de Dieu est rare ; l'Ancien Testament nous en donne quelques exemples, comme dans le cas du prophète Ezéchiel : « La gloire du Dieu d'Israël était là, telle que je l'avais vue en vision dans la vallée. »[142] Dans ces visions de la gloire de Dieu il est toujours question de « lumière » : « Cette lumière qui rayonnait tout autour de lui avait le même aspect que l'arc-en-ciel dans les nuages un jour de pluie : c'était un reflet de la gloire de l'Eternel. »[143] Ceux qui recevaient ces visions voyaient la « gloire » de l'Eternel ou le « reflet de la gloire » de l'Eternel et non pas l'Eternel en personne. Ainsi, Dieu dit à Moïse : « Tu ne pourras pas voir mon visage, car l'homme ne peut me voir et vivre. » ; et l'Evangile dit à propos de Jésus : « Personne n'a jamais vu Dieu ; Dieu le Fils unique, qui est dans l'intimité du Père, est celui qui l'a fait connaître. »[144]

Les visions extraordinaires, mais rares de Dieu n'offrent qu'une image floue, imprécise, incomplète de sa personne. Il faut attendre la venue du *Fils* (Jésus) pour avoir une vision exacte et beaucoup plus complète de Dieu. Lui-même dira : « Celui qui m'a vu a vu le Père ».[145] Jésus appelle Dieu son « père », mais il n'est pas « fils » de Dieu dans un sens humain, comme s'il était né de l'union de deux personnes charnelles ; son titre de « fils de Dieu », qui est l'équivalent de « messie » (celui qui est oint, le roi) il ne l'a pas de par sa naissance de la vierge Marie à travers l'Esprit, mais il l'a de toute éternité : « De plus, au sujet des anges, il dit : 'Il fait de ses anges des esprits, et de ses serviteurs une flamme de feu.' Mais il dit au Fils : 'Ton trône, ô Dieu, est éternel. Le sceptre de ton règne est un sceptre de justice. Tu as aimé la justice et tu as détesté la méchanceté ; c'est pourquoi, ô Dieu, ton Dieu t'a désigné par onction comme roi (…) Et c'est toi, Seigneur, qui au commencement a fondé la terre et le ciel est l'œuvre de tes mains. »[146] Comme l'écrit Irénée (130-202 après J.-C.) : « Enfin, le Père s'est montré par le Verbe en personne devenu visible et palpable. Même si tous ne crurent pas pareillement en lui, tous du moins ont vu le Père dans le Fils. Car ce qui était invisible du Fils était le Père, et le visible du Père était le Fils. »[147]

La Bible dit que l'être humain tend à s'attacher à ce qui frappe les yeux (1 Samuel 16.7). Mais Dieu, quant à lui, regarde au « cœur » et c'est surtout le « cœur de Dieu » qu'il nous est donné de voir en la personne de Jésus.

Jésus a rappelé l'histoire de Jonas, le prophète d'Israël envoyé par Dieu vers la ville de Ninive. De même que Jonas fut livré à une mort certaine mais en fut délivré, Jésus devait lui aussi subir le même sort, puis ressusciter trois jours après sa mort sur la croix.[148] Jonas parla aux gens de Ninive et ils regrettèrent le mal qu'ils faisaient. La victoire de Jésus sur la mort est une « preuve accordée par Dieu » et qui doit conduire les hommes à changer leur comportement : « Sans tenir compte des temps d'ignorance, Dieu annonce maintenant à tous les êtres humains, partout où ils se trouvent, qu'ils doivent changer d'attitude, parce qu'il a fixé un jour où il jugera le monde avec justice par l'homme qu'il a désigné. Il en a donné à tous une preuve certaine en le ressuscitant. » (Paul à Athènes, Actes 17.30, 31).

Après sa résurrection, Jésus instruit ses disciples et les envoie vers toutes les nations du monde pour annoncer la bonne nouvelle du pardon et de la résurrection des morts.[149] Ils allèrent donc de par le monde avec ce message de grâce et d'amour. Dans la Bible, c'est le livre des *Actes* qui raconte les débuts de cette aventure. André a prêché l'Evangile autour de la Mer Noire ; Jacques prêcha à Jérusalem ; Jean fut exilé par Rome sur l'île de Patmos et vécut à Ephèse (dans l'actuelle Turquie) ; Puis, Pierre est allé à Antioche, en Syrie et dans l'ancienne Babylone ; Philippe prêcha en Asie Mineure ; Thadée (appelé aussi Jude) et Bartholomé annoncèrent Jésus en Arménie ; Thomas alla jusqu'aux Indes, Matthieu en Ethiopie ; Jacques le fils d'Alphée fut mis à mort à Jérusalem ; Simon le zélote a annoncé l'Evangile en Perse (l'Iran d'aujourd'hui). Paul fut aussi choisi par le Christ pour être son apôtre ; ses voyages sont racontés dans le livre des *Actes* par le médecin Luc qui l'accompagna dans nombre de ses voyages (Dans la Bible le livre des Actes vient après les quatre évangiles). Parmi toutes ces régions, c'est l'Arménie qui devait devenir officiellement la première nation chrétienne au monde (en 301 après J.-C.). Selon Eusèbe de Césarée (*Histoire ecclésiastique*, HE I. XIII) et nombre d'autres sources historiques, Agbar d'Edesse, roi d'Arménie entre 13 et 50 après J.-C., avait adressé une correspondance à Jésus pour le prier de venir le guérir d'une maladie réputée incurable. Dans sa réponse, Jésus aurait écrit : « Lorsque j'aurai été élevé, je t'enverrai un de mes disciples pour te guérir de ton infirmité et te donner la vie, à toi et à ceux qui sont avec toi. » Eusèbe poursuit : « Après l'ascension de Jésus, Judas, qu'on appelle aussi Thomas, envoya à Agbar l'apôtre Thaddée, un des soixante-dix. » Thaddée évangélisa la ville d'Édesse et son roi.[151]

Aujourd'hui, ce message qu'on appelle « évangile » (une bonne nouvelle) et qui concerne Jésus est une semence d'espérance et d'amour dans un monde en détresse — message qui montre au monde le cœur de Dieu, ses intentions envers les hommes et les femmes qui peuplent cette terre. Celles et ceux qui annoncent ce message doivent avoir à cœur d'y être fidèles eux-mêmes, de s'aimer les uns les autres. Jésus l'a bien dit : « C'est à cela que tous reconnaîtront que vous êtes mes disciples : si vous avez de l'amour les uns pour les autres. » (Jean 13.35).

L'apôtre Jean fut un témoin du Christ auprès duquel il a marché. Il nous rappelle que la vie se trouve en Jésus et que cette vie est la lumière des hommes. Cette lumière a brillé dans les ténèbres ; elle « était la vraie lumière qui, en venant dans le monde, éclaire tout être humain ». En fait, « le monde a été fait par elle ». Cette lumière par laquelle tout a été fait « s'est faite homme, elle a habité parmi nous, pleine de grâce et de vérité, et nous avons contemplé sa gloire, une gloire comme celle du Fils unique venu du Père ».[152] Ne pensons pas que Dieu manifeste sa gloire en raison d'une sorte d' « orgueil » personnel ; il le fait pour apporter sa gloire et nous l'offrir ; il le fait pour que nous puissions nous-mêmes dégager cette gloire dans nos propres vies.

Nous ne voyons pas pour l'instant cette lumière — lumière assez puissante pour engendrer l'univers mais qui nous aveuglerait, nous détruirait si nous pouvions la voir. Mais elle se manifeste en Jésus avant tout comme une présence réconfortante, pleine de grâce et de vérité ; une lumière de bonté, de justice, d'amour et de paix : « Je suis la lumière du monde. Celui qui me suit ne marchera pas dans les ténèbres, mais il aura au contraire la lumière de la vie. » (Jean 8.12).

L'apôtre Jean témoigne de ce qu'il a vu du cœur de Dieu en

disant : « Jésus a accompli encore, en présence de ses disciples, beaucoup d'autres signes qui ne sont pas décrits dans ce livre. Mais ceux-ci ont été décrits afin que vous croyiez que Jésus est le Messie, le Fils de Dieu, et qu'en croyant vous ayez la vie en son nom. »[153]

Personne ne voulait approcher des lépreux qui vivaient à part. On les craignait, mais Jésus les toucha. Bien sûr, il les guérit. Mais, peut-être plus profondément, en venant tout près d'eux, en les regardant dans les yeux, en leur parlant, il guérit leur cœur meurtri par la solitude et leur sentiment de rejet.

Qu'ont pu lire ces lépreux quand leurs yeux rencontrèrent les siens ? Qu'il les connaissait depuis toujours, qu'il connaissait leur douleur, qu'il tenait à chacun d'entre eux. Au fond de ses yeux, ils ont vu le cœur même de notre Père céleste qui connaît chacun d'entre nous et qui tient à chacun d'entre nous.

CHAPITRE 12

Le cœur de Dieu

« Que votre cœur ne se trouble pas ! »[154]

(Jésus-Christ)

Je naquis à Versailles le 17 octobre 1948. Dès ma plus tendre enfance, je fus placé en nourrice où je suis resté pendant plusieurs années. A l'âge de six ans et demi, je quittai la France pour les Etats-Unis où je vécus chez Frank et Phyllis Mason jusqu'à l'âge de dix ans.

Après mon retour en France, j'ai vécu pendant quelques mois chez ma grand-mère qui habitait la Porte de Saint-Cloud, dans le 16e arrondissement de Paris. De la fenêtre du salon je pouvais voir, tout en bas, les deux fontaines blanches et rondes de la place ainsi que l'église Saint Pierre. Un jour, quelqu'un sonna à la porte d'entrée de l'appartement. Ma grand-mère m'avait recommandé de ne jamais ouvrir la porte moi-même. Pourtant, ce jour-là, je courus aussitôt vers la porte et l'ouvrit. Devant moi se tenait un homme grand et souriant, vêtu d'un costume brun. Dès qu'il me vit, il prononça mon nom : « Yanou ! » (c'est ainsi que tout le monde m'appelait). Ma grand-mère accourut, m'écarta de la porte et dit quelque chose à l'homme au costume brun qui finit par s'en aller. Puis, elle referma la porte d'entrée de l'appartement.

Cet homme était mon père. En fait, je ne le connaissais pratiquement pas. Ce ne fut que deux années plus tard que je pus le revoir. Je fus aidé en cela par des membres de ma famille qui un jour décidèrent de m'accompagner chez lui. Il vivait dans une petite chambre de bonne, tout près de chez ma grand-mère.

Jésus parle de « notre Père » qui est dans les cieux ; il parle de ces pères qui ne refusent pas des bienfaits à leurs enfants et ne les maltraitent pas. Il raconte l'histoire d'un fils qui quitte la maison de son père après avoir réclamé son héritage. Lorsque j'eus l'occasion de lire ces textes, j'eus l'impression d'y retrouver des descriptions de mon propre père qui était la bonté et la générosité mêmes. Mais la Bible parle aussi des orphelins, de ceux qui n'ont ni père ni mère. Dieu est touché dans son cœur par leur sort : « Dieu est un père pour l'orphelin, un justicier qui défend la veuve. C'est lui qui donne une famille aux isolés, et aux prisonniers la joie de la liberté. » (Psaume 68.6). « Le Seigneur a fait le ciel, la terre et la mer, avec tout ce qui s'y trouve. On peut compter sur lui pour toujours. Il fait droit aux opprimés, il donne du pain aux affamés. Il libère ceux qui sont enchaînés, rend la vue aux aveugles, remet debout ceux qui fléchissent. Le Seigneur aime les fidèles, veille sur les réfugiés, relève la veuve et l'orphelin. » (Psaume 146.6-8)

Dieu n'est pas un symbole, une idée ou une force impersonnelle. Jésus parle de lui comme d'un Père pour souligner qu'il est une personne ayant une volonté, ayant un cœur. Comment ne pas voir le cœur de Dieu, qui est notre « Père », dans celui qui embrasse et touche les lépreux, qui accueille les petits enfants et la femme versant un parfum précieux sur ses pieds en les essuyant de ses cheveux, dans celui qui s'invite dans la maison de Zachée, honni de tous ? En voyant Jésus, comment ne pas comprendre qu'il manifeste un Père compatissant et qui peut être bouleversé, un Père serviteur et qui n'a aucun orgueil, un Père qui ne se réjouit pas du mal et de la misère, qui nous appelle à avoir de la considération pour les plus humbles et les plus pauvres ? Cette révélation à propos de Dieu n'est « ni une idée, ni une chose, ni une valeur, mais une histoire qui part de son cœur et qui nous découvre son cœur ». (André Manaranche).[155]

Dans la Bible l'image du « Père » est toujours celle de la tendresse, de la compassion, de la générosité ; elle n'est jamais celle de la brutalité, de la haine ou de l'indifférence : « Et moi, je vous dis : Demandez et l'on vous donnera ; cherchez et vous trouverez ; frappez et l'on vous ouvrira. En effet, tous ceux qui demandent reçoivent, celui qui cherche trouve et l'on ouvrira à celui qui frappe. Quel père parmi vous donnera une pierre à son fils, s'il lui demande du pain ? Ou bien s'il demande un poisson, lui donnera-t-il un serpent au lieu d'un poisson ? Ou bien s'il demande un œuf, lui donnera-t-il un scorpion ? Si donc, mauvais comme vous l'êtes, vous savez donner de bonnes choses à vos enfants, le Père céleste donnera d'autant plus volontiers le Saint-Esprit à ceux qui le lui demandent. »[156]

L'être humain n'est pas Dieu, il n'est pas tout puissant. On ne doit jamais le mettre sur un piédestal. Une foi démesurée en l'être humain ne peut que produire l'inverse de ce qu'on en attend : la violence et multiplication des conflits au lieu de la paix ; la haine plutôt que l'amour ; la cupidité au lieu de la générosité.

Les adversaires de Dieu le sont souvent en raison de leur goût pour le pouvoir ou pour la réalisation de leurs ambitions personnelles. Le Psaume 2 décrit l'agitation des nations et des gens au pouvoir contre Dieu et contre celui qu'il a établi comme roi et juge sur la terre : « Les rois de la terre se soulèvent et les chefs se liguent ensemble contre l'Eternel et contre celui qu'il a désigné par onction. » Le Psaume conclut par ces paroles adressées aux puissants : « Et maintenant, rois, conduisez-vous avec sagesse ! Juges de la terre, laissez-vous instruire ! »

« Et si la terre n'était que l'ombre du paradis et des choses qu'il contient ? » écrivait John Milton.[157] L'âme humaine est faite pour être comblée de joie.[158] Elle aspire à ce pays merveilleux que nous savons être le nôtre car notre expérience le suggère constamment.[159] L'âme humaine ne désire qu'une chose : être réunie au Bien-aimé, à Celui qui est source de tout amour.

Dans l'histoire du fils perdu Jésus décrit la joie qui surgit lorsqu'on revient à Dieu : « Mangeons et réjouissons-nous, car mon fils que voici était mort et il est revenu à la vie, il était perdu et il est retrouvé. » (Luc 15.23). Ce père avait été le père idéal, et pourtant le fils ne voyait pas l'amour et la générosité de ce père. Lorsque le fils réclame son héritage, le père le lui donne ; lorsqu'il s'en va, le père le laisse partir.

Cette histoire met en avant quelque chose de très important concernant le cœur de Dieu : il nous accorde la liberté de l'aimer ou de ne pas l'aimer, de l'écouter ou de ne pas l'écouter. Sans liberté il ne peut pas y avoir d'amour authentique. Sans cette liberté nous ne serions pas les enfants d'un père, nous serions les sujets d'un tyran ; il ne pourrait pas y avoir une relation d'amour entre ce Père et chacun d'entre nous. Cette liberté explique les souffrances infligées par certains sur leur « prochain ». Ces souffrances existent non pas parce que Dieu est incapable d'y mettre fin mais en raison de la liberté que nous avons tous de choisir le bien ou le mal, la justice ou l'injustice.

Jésus raconte comment le fils ingrat quitte la maison de son père sans que celui-ci l'en empêche. Il raconte comment le père donne généreusement sa part d'héritage au fils qui le lui demande. Puis le fils va vivre sa vie comme bon lui semble, dilapidant son héritage. Là encore le Père n'intervient pas. Il n'envoie pas des serviteurs ou une armée pour ramener de force ce fils ingrat. Ce père sait qu'il serait impossible à son fils de l'aimer sous la contrainte. Il en va de même pour chacun d'entre nous : il est impossible qu'il puisse y avoir l'amour dans notre cœur — amour pour Dieu et pour le prochain — sans la liberté de dire non à cet amour.

Dans mon enfance je me suis souvent demandé pourquoi Dieu ne se montre pas, pourquoi nous ne pouvons le voir. Tout ne serait-il pas plus simple et plus limpide si nous pouvions voir Dieu ?

Mais si nous pouvions voir Dieu dans toute sa gloire et toute sa beauté, serions-nous pour autant portés à changer notre cœur, à vivre une vie digne de son appel ? Nos yeux seraient éblouis, mais notre cœur serait-il touché ?

Certains êtres ont un effet puissant sur notre cœur. Mais est-ce en raison de leur apparence physique, de leurs habits, de l'argent qu'ils possèdent ou de ce que nous pouvons recevoir d'eux que nous les aimons ? Nous savons très bien que l'amour authentique pour les autres n'est pas fondé sur toutes ces choses que l'on voit. Par contre, ce sont souvent leurs paroles, leurs gestes d'amour à notre égard, qui touchent notre cœur. Il en va de même pour Dieu. Ce n'est pas la vision de sa gloire qui peut toucher notre cœur, c'est surtout l'amour qui se reflète dans ses paroles, dans ses actions à notre égard.

Dieu s'est montré à nous sous une forme humaine. Jésus dit: « Il y a si longtemps que je suis avec vous et tu ne me connais pas, Philippe! Celui qui m'a vu a vu le Père. Comment peux-tu dire: 'Montre-nous le Père'? Ne crois-tu pas que je suis dans le Père et que le Père est en moi? Les paroles que je vous dis, je ne les dis pas de moi-même; c'est le Père qui vit en moi qui fait lui-même ces œuvres. » (Jean 14.9, 10). On constate dans cette parole de Jésus l'importance de ce que Jésus a dit et a fait. Ce sont ses paroles et ses actes qui nous permettent aujourd'hui de voir le cœur de Dieu.

Or, ces paroles et ces actes peuvent paraître en complète contradiction avec tout ce que nous croyons « sage » du point de vue de la sagesse humaine : les doux sont ceux qui héritent la terre, ceux qui font preuve de bonté seront comblés, ceux qui ont le cœur pur verront Dieu.[160] Les grandes ambitions du monde sont réduites à néant au jugement final au cours duquel les actions nées de la compassion envers les plus faibles sont celles qui pèsent le plus au regard du Juge divin : « En effet, j'ai eu faim et vous m'avez donné à manger ; j'ai eu soif et vous m'avez donné à boire ; j'étais étranger et vous m'avez accueilli ; j'étais nu et vous m'avez habillé ; j'étais malade et vous m'avez rendu visite ; j'étais en prison et vous êtes venus vers moi. » (Matthieu 25.35-36). Il ne faut pas oublier que pour le monde antique ces gestes simples, issus de la compassion envers le prochain, n'étaient ni hautement recommandés, ni considérés comme « exceptionnels ».

Dieu veut venir habiter dans notre cœur ; il veut faire de notre corps son temple. Nous sommes appelés à un destin extraordinaire : devenir des source d'amour, de joie, de paix pour notre monde. La Bible nous apprend qu'avec la venue de Jésus il est terminé le temps où Dieu vivait dans des temples faits de pierres ou de bois : « Le Très-Haut n'habite pas dans des temples faits par la main de l'homme, comme le dit le prophète : 'Le ciel est mon trône, et la terre mon marchepied. Quelle maison pourrez-vous me construire, dit le Seigneur, ou quel endroit pourra être mon lieu de repos ? N'est-ce pas ma main qui a fait tout cela ? »[161]

Jésus est vivant et il revient. Il est plus près de toi que tu ne l'imagines : « Et moi, je suis avec vous tous les jours jusqu'à la fin du monde. » (Matthieu 28.20). Il veut débarrasser ton cœur des fardeaux qui l'encombrent. Il veut redonner la vivacité, la joie, la paix à ce cœur qui finit par trop nous peser.

Dieu avait annoncé la venue de Jésus en disant qu'il serait « méprisé et délaissé par les hommes » : « Homme de douleur, habitué à la souffrance, il était pareil à celui face auquel on détourne la tête : nous l'avons méprisé, nous n'avons fait aucun cas de lui. Pourtant, ce sont nos souffrances qu'il a portées, c'est de nos douleurs qu'il s'est chargé (…) et c'est par ses blessures que nous sommes guéris. » (Esaïe 53.3, 5).

Il connaîtrait la mort, mais sa vie se prolongerait ; il verrait une descendance ; il verrait la lumière (Esaïe 53.10, 11). Il est sorti du tombeau, ainsi que les prophètes d'Israël l'avaient annoncé des siècles auparavant, ainsi qu'il l'avait lui-même annoncé. Les anges, apparaissant hors du monde invisible, l'annoncèrent aux femmes venues pour l'embaumer : « N'ayez pas peur. Vous cherchez Jésus de Nazareth, celui qui a été crucifié. Il est ressuscité, il n'est pas ici ! Voici l'endroit où on l'avait déposé. Mais allez dire à ses disciples et à Pierre qu'il vous précède en Galilée : c'est là que vous le verrez, comme il vous l'a dit. » (Marc 16.6, 7).

Jésus dit : « Je vous laisse la paix, je vous donne ma paix. Je ne vous donne pas comme le monde donne. Que votre cœur ne se trouble point et ne s'alarme point. » (Jean 14.27).

En ce monde plein de troubles, tu peux aller de l'avant avec assurance. Sache que tu n'es pas seul et que le Seigneur ressuscité est tout disposé à t'accompagner où que tu ailles. Jésus est vivant. Il te soutiendra. Tu trouveras l'amitié, l'amour, auxquels tu aspires. Il t'aidera à aller à la rencontre de celles et de ceux qui le connaissent au fond de leur cœur, de celles et ceux qui connaissent l'espérance de sa résurrection et en qui habite son Esprit.

Ne crains pas de « frapper aux portes », de poser des questions, de chercher, car c'est ainsi que tu trouveras le trésor qu'il te destine. Ne sois pas intimidé par les gens arrogants ou moqueurs car ils agissent ainsi par ignorance. Surmonte la timidité et va vers les autres.

Sache que si tu cherches, tu trouveras. Autant que cela dépend de toi, sois en paix avec tous. Refuse d'avoir recours à la violence des paroles ou des gestes. Ne perds pas de vue le destin extraordinaire auquel tu es appelé.

Notes

1. Matthieu 6.6

2. Psaumes 8

3. Jean 3.11, 12,16

4. Jean 3.11,13

5. De l'âge de six ans à dix ans je vécus à New York chez Frank Herbert Mason et Phyllis Harriman Mason. La maison se

situait sur la East 82nd Street, non loin de la 5e avenue. Frank enseignait la peinture à la Art Students League. Phyllis était

peintre elle aussi. Une galerie de peinture à New York porte aujourd'hui son nom : la Phyllis Harriman Mason Galery. Voir

Frank Mason : http://www.frankmason.org

6. http://www.spiritains.org

7. http://data.bnf.fr/39462355/hercule_et_les_ecuries_d_augias_spectacle_1967/

8. Pascal, Pensées (Jean de Bonnot, 1982), pp 26, 27

9. Pascal, Pensées (Jean de Bonnot, 1982), pp 23,25,26

10. Michel Eyquem de Montaigne, Essais, Gallimard.

11. Voici où l'on peut se procurer ces textes : Centre d'Enseignement Biblique4806 Trousdale Drive – Nashville, TN 37220 –

USA. Email: fwo.ceb@gmail / comwww.editionsceb.com

12. http://www.jimmcguiggan.com/reflections.asp

13. Ephésiens 3.14,15

14. Actes 17. 26

15. Matthieu 22.36-40

16. Jérémie 17.9

17. Mensonge romantique et vérité Romanesque (1961), René Girard, éd. Hachette, coll. Pluriel, 2003, p.334.

18. Genèse 1.26, 27 Bible du Semeur. Note : Genèse 1:26 L'hébreu a un singulier collectif qui a valeur de pluriel, puisque les

verbes du v. 26 qui suivent sont au pluriel.

19. Matthieu 19.14

20. Jean Delumeau, Mille ans de Bonheur, histoire du paradis, 1995, Ed. Fayard, p.426

21 Proverbes 1.10-16

22 1 Timothée 5.8

23 Romains 13.1-7

24 http://www.ekklesia.co.uk/node/9385

25 https://fr.wikipedia.org/wiki/Zélotes

26 Luc 9.54-56

27 Galates 6.1-5

28 http://www.justice.gc.ca/fra/pr-rp/jp-cj/vf-fv/ch-hk/p3.html

29 Actes 17.28, Bible en français courant, 1997

30 http://spindleworks.com/library/rfaber/aratus.htm

31 Actes 17.27-29, Bible le Semeur

32 Genèse 1.27

33 Jacques 3.9, p. 426

34 Romains 2.10, 14, 15

35 http://ripostelaique.com/Les-dessous-du-voile-Rene-Girard.htm

36 https://sites.google.com/site/sagessechretienne/rousseau

37 http://www.lyricsmania.com/etre_ensemble_lyrics_elsa.html

38 http://www.cadenceinfo.com/leschansonsfrancaises-desanneessoixantes.htm

39 Matthieu 7.12

40 Romains 13.9, 10

41 Marc 10.42-44

42 Ephésiens 6.10, 12

43 Luc 4.6

44 Ezéchiel 11.19, 20

45 Matthieu 18.3 (Bible du Semeur)

46 Le mot « grâce » est riche de sens. En hébreu « hen », « hesed » prononcé (chen) et ses déclinaisons signifie trouver grâce, faveur, ornements, précieuse, attraits » ; « nasa » se traduit par « supporter, soulever, lever, élever, pardonner, accorder une grâce ». Puis en grec nous trouvons le mot charis qui se traduit par « grâce, au gré, reconnaissance, plaire, faveur, action de grâces, libéralités, oeuvre de bienfaisance, joie ».

47 Galates 3.21

48 George Brassens parle de Dieu : http://youtu.be/XdcdedKmalQ

49 Romains 9.23; 2 Corinthiens 9.23

50 https://en.wikipedia.org/wiki/Henri_Bergson

51 Ephésiens 1.22 ; Jean 14.15, 21

52 1 Jean 5.3

53 Romains 10.8

54 John Locke, Essai sur l'entendement humain, traduction de Coste, Ed. Vrin.

55 http://www.boursorama.com/actualites/enseignement-le-retour-de-la-morale-a-l-ecole-

1c4096d9bb432f37b5d596ab32db5914

56 Le Figaro, 26/08/2015

57 Jean-Paul Sartre, Les Mots, Gallimard, 1964 pp. 85,86.

58 André Comte-Sponville, Le mythe d'Icare, Traité du désespoir et de la béatitude, P.U.F., 1984.

59 Ecclésiaste 1.14, Bible en français courant.

60 Cantique des Cantiques 5.6

61 « *The human soul was made to enjoy some object that is never fully given --nay, cannot even be imagined as given -- in our present mode of subjective and spatio-temporal experience.*" *Pilgrim's Regress, preface, paragraph 11*

62 Luc 7.36-50).

63 Luc 7.47, 48

64 Marc 12.28-31

65 1 Jean 4.8, 20

66 1 Jean 4.11, Bible Ostervald.

67 Le mot Samaritain décrit, à l'époque de Jésus, les habitants de la Samarie au nord de la Judée avec lesquels les Juifs n'avaient pas de rapports.

68 Les Samaritains ne se considéraient pas comme Juifs, mais comme des descendants des anciens Israélites du royaume antique de Samarie. À l'inverse, les Juifs orthodoxes les considéraient comme des descendants de populations étrangères (des colons Assyriens de l'Antiquité) ayant adopté une version illégitime de la religion hébraïque.

69   http://www.lemonde.fr/societe/article/2013/06/20/liberte-egalite-morosite_3433505_3224.html

70   http://www.slate.com/articles/health_and_science/science/2013/07/ what_is_dopamine_love_lust_sex_addiction_gambling_

motivation_reward.html

71 Luc 12.33

72 Jean 3.16

73 Daniel 7.13,14; Apocalypse 1.9-20

74 Voir aussi Jean 16.8 ; Ephésiens 2.8 ; 2 Pierre 1.1 ; Philippiens 1.29 ; Actes 3.16

75 Signification du verbe « baptidzo : plonger, immerger, submerger (d'un navire coulé); purifier en plongeant ou submergeant, laver, rendre pur avec de l'eau, se laver, se baigner. Voir : http://www.enseignemoi.com/bible/ strong-bibliquegrec-

baptizo-907.html

76 Matthieu 28.18-20, Version Darby.

77 En grec, le verbe baptiser signifie "immerger", "plonger". « Baptême vient du verbe grec qui signifie " plonger, immerger". Le baptême est un rite de passage : avec le Christ nous traversons la mort et nous participons à sa vie de ressuscité. Marqué du signe de la croix, plongé dans l'eau, le nouveau baptisé renaît à une vie nouvelle. Devenu chrétien, il peut vivre selon l'Esprit de Dieu.

» http://bapteme.croire.com

78 Romains 6.1-4 (Segond NEG, 1979)

79 Jérémie 18.3-10)

80 Esaïe 40.29-31

81 Jean-Paul Sartre, Les mots, Editions Gallimard, 1964 pp. 88,89.

82 Matthieu 11.28

83 Romains 10.17

84 Albert Camus and the Minister, Howard Mumma (Paraclete Press, 2000, p. 37).

85 Jérémie 17.5,6 (Segond 21)

86 Jérémie 17.9,10,14 (Segond 21)

87 Esaïe 66.12,13; 49.14,15

88 Jean 17.1,2

89 René Girard, Celui par qui le scandale arrive (2001), éd. Hachette, coll. Pluriel, 2006, p. 15.

90 http://fresques.ina.fr/jalons/fiche-media/InaEdu00109/l-occupation-de-l-odeon-en-mai-1968.html ;

91 Jean 15.4

92 1 Pierre 2.9 ; Apocalypse 1.6.

93 https://www.herodote.net/Michel_de_L_Hospital_1504_1573_-synthese-428.php

94 http://www.academia.edu/207695/The_First_Constitution_Rethinking_the_Origins_of_Rule_of_Law_and_Separation_of_P

owers_in_Light_of_Deuteronomy

95 Farewell address of George Washington, September 17, 1796. http://www.tldm.org/News5/Washington.htm

96 George Orwell, 1984, Troisième partie Chapitre III.

97 Philippe Bénéton, Introduction à la politique, Presses Universitaires de France, 2010.

98 Kenneth Boulding on post-civilization, http://sfaajournals.net/doi/10.17730/humo.21.2.2832681421x188k6

99 http://www.iris-france.org/61976-les-sept-laicites-francaises-3-questions-a-jean-bauberot/

100 "Le rire est le propre de l'homme, car l'esprit s'y délivre des apparences". Alain: Système des beaux-arts, chapitre VIII.

101 Ecclésiaste 3.1, 4

102 Francis Curlet, La drogue est un prétexte, Ed. Flammarion, 1996.

103 Laurence Wylie et Jean-François Brière, Les Français, Ed. Prentice Hall, 2001, p. 65.

104 Ibid. p.65

105 Psaumes 1.1,2; Proverbes 1.22

106 Esaïe 5.8, 11,12

107 Le Barbier de Séville (1773), Acte I, Scène II

108 Alain Braconnier, La Vie, 21-07-96.

109 1 Timothée 4.4

110 Ecclésiaste 7.3-6

111 2 Corinthiens 5.10

112 (Esaïe 10.1, 2)

113 Psaume 37.2

114 Esaïe 10.5, 13

115 1 Rois 18.27

116 Matthieu 11.16-19

117 Psaumes 126.1-6

118 Ps 126.2 ; 32.11 ; 16.11 ; 4.7

119 Charles Baudelaire : Oeuvres completes, Vol II, Claude Pichois, Gallimard 1976, pages 26, 42,112.

120 Luc 7.34

121 Actes 2.28,46 ; 11.23 ; 13.52

122 Romains 12.15

123 Jean 1.1-4 Bible du Semeur

124 André Manaranche, Croyances ou Révélation? Le Sarment, Ed. Fayard,

1998.

125   http://www.lifehack.org/377243/science-says-silence-much-more-im-portant-our-brains-thanthought?

utm_content=buffer2982f&utm_medium=social&utm_source=facebook.com&utm_campaign=buffer

126   Marc 1,35; Matthieu 14.13; Luc 6.12,13; 22.39-44

127   Roy J. Lewicki, Essentials of Negotiation 6th Edition, New York, Mc Graw Hill 2016, p.16.

128   Martin Luther King I Have a Dream speech : http://www.americanrheto-ric.com/speeches/mlkihaveadream.htm

129   1 Corinthiens 2.10

130   Questions aux savants (1969), Pierre-Henri Simon et Jean Perrin (phys-icien français, prix Nobel de physique pour ses

travaux sur l'atome).

131   http://www.linternaute.com/histoire/jour/evenement/7/4/1/a/54306/pasteur_s_oppose_a_la_generation_spontanee.shtml

132   « For a minimum set of the required 239 protein molecules for the small-est theoretical life, the probability is 1 in

10119879. It would take 10119841 years on the average to get a set of such proteins. That is 10119831 times the assumed age of

the earth and is a figure with 119,831 zeroes…"

133   Alexandre Oparine, L'origine de la vie sur terre, Editions Masson 1965, p. 252.

134   Christian Chabanis, Dieu existe-t-il? Non, Editions Fayard, p 20. Voir aussi Christian Chabanis, Dieu existe-t-il? Oui,

Editions Fayard, 1985.

135   Ibid, p.22

136   Antony Flew, There is a God, Ed. New York, Harper Collins, 2007, p.131.

137   https://fr.wikipedia.org/wiki/Code_génétique

138   Actes 17.19, Parole de vie.

139   (André Comte-Sponville, Comment peut-on être matérialiste ? Comment peut-on être humaniste ? 1998.

140 Proverbes 8.22, 23, 27-30, Segond 21.

141 http://josephmarie.perso.neuf.fr/racines/creer.pdf

142 Ezéchiel 8.4; cf. 1.1-28.

143 Ezéchiel 1.28 (Segond 21). https://fr.wikipedia.org/wiki/Code_génétique

144 Exode 33.20; Jean 1.18 (Segond 21).

145 Jean 14.6-14 (Segond 21)

146 Hébreux 1.8,9; Psaume 45.6

147   http://adoratioiesuchristi.blogspot.com/2016/01/traite-de-saint-irenee-contre-les.html

148 Matthieu 16.21

149 Matthieu 28.16-20

150 http://pensees.bibliques.over-blog.org/article-1746641.html

152 Jean 1.1-14

153 Jean 20.30, 31

154 Jean 14.1

155 André Manaranche, Croyances ou Révélation?

156 Luc 11.11

157 John Milton, Paradise lost, chapter 5

158 « The human soul was made to enjoy some object that is never fully given --nay, cannot even be imagined as given -- in

our present mode of subjective and spatio-temporal experience." Pilgrim's Regress, preface, paragraph 11

159 The Weight of Glory, par. 6

161 Actes 7.48, 49